大丈夫、死なないから。

時間に愛され、
自分の人生を
る生き方

青木千草
Chigusa Aoki

KADOKAWA

はじめに

自分の人生を生きていないあなたへ

こんにちは、ＣＩＴＴＡ（チッタ）手帳考案者の青木千草です。

この本は、忙しすぎる毎日に疲れ果て、上手くいかない仕事や、人間関係に苦しみ、「自分に自信がなくて、言いたいことが言えない」「他人の目が気になって、やりたいことができない」「自分の人生を生きている気がしない」と、生きづらさを抱えているあなたのために書きました。

何を隠そう、私の昔の口癖が「時間がない」と言い訳をすることだったので、あなたの気持ちがよくわかります。

あなたが今の「時間がない毎日」に終止符を打ち、あらゆる悩みから解放され、時間を味方につけて、やりたいことができるようになる「ＣＩＴＴＡ式　心と時間の整え方」をめいっぱい詰め込んだのが本書です。

ここで私自身のことを少しお話しさせてください。

私は手帳を活用して、忙しくても、時間がなくても、自分のやりたいことや夢を実現してきた経験から、自分の理想の手帳「CITTA手帳」を作り、「CITTA式やりたいことを叶える手帳講座」をスタートしました。CITTA手帳は2023年現在で累計33万部のヒットとなり、2020年から始めた「人生を変えるCITTA朝活」も、累計1300名以上の方にご参加いただいています。

こう書くと、いかにも順風満帆《まんぱん》に人生を歩んできたかのように思われることが多いのですが、**昔の私は「シングルマザー」で「お金なし」「時間なし」「才能なし」の四重苦。**

詳しくは本文でお話ししますが、子ども時代は、色黒でぽっちゃりしていたことからいじめに遭い、自分に自信がもてませんでした。父が事業に失敗して家がゴタゴタしていた時期もあり、ずっと円満な家庭環境で育ってきたわけでもありません。さらには21歳で結婚するも2年で離婚。昼は派遣社員としてテレアポ、夜はヨガ・インストラクターのダブルワークをしていました。

そんな中、無理がたたって頭に10円ハゲができたのをきっかけに、私は必死で考えました。

「何も制限がないとしたら、本当は何がしたい？」

「お金も時間もたっぷりあるなら、本当はどうしたい？」

もうお金のために、限りある時間を無駄にしたくない。我慢を続けたくない。本当に自分がやりたいことに向かって生きていきたい。

そんな心の声に耳を傾け、浮かんできた本当の願い「自宅にヨガスタジオを開きたい」「息子のそばにいたい」を手帳に書き綴《つづ》りました。するとたった1年ほどで、やりたいことを全部実現することができたのです。やったことは、手帳を使って時間と心を整え、自問自答を繰り返しただけです。

四重苦を抱え、生きづらさに苦しんでいた私でも変われた。人生を大逆転できた。だから、あなたも絶対に自分を変えることができます。**「変わりたい！」という思いを、「やっぱり無理かも」とあきらめないでほしいのです。**

✦心と時間が整えば、人生はすべて上手くいく！

「ＣＩＴＴＡ」の意味は「心」。インドのサンスクリット語で、ヨガに使われる言葉です。

実はヨガ歴19年の私は、古典のヨガを深く学んできました。**私が人生で一番影響を受けたのが「心のあり方」を教えてくれるヨガ哲学だったのです。**

安定した心でいれば、他人の目やお金、肩書き、地位などに振り回されず、時間を思い通りにコントロールして、自分の望む未来に純粋に進んでいくことができます。

このヨガ哲学の教えを手帳で実践していくのがＣＩＴＴＡ式メソッドです。本書で紹介する「心と時間の整え方」は、このＣＩＴＴＡ式メソッドを用いたものです。

ＣＩＴＴＡ式メソッドを実践すると、

- **自分を好きになれる。**
- **自分に自信がもてるようになる。**
- **他人に振り回されることなく、自分で時間をコントロールできるようになる。**
- **残業が断れるようになる。**
- **自分が本当にやりたいことが見つかる。**
- **他人の目を気にせず、生きられるようになる。**
- **他人の考えも尊重できるようになり、家族や職場での人間関係が改善する。**

・自分の才能に気づくことができる。

など、「なりたい自分」「本当にやりたいこと」に向かって生きられるようになります。

私の手帳講座に来たばかりのときは「変わりたいけど、時間も勇気もなくて変われない」「自分には才能なんかないから」と言っていた生徒さんたちも、このメソッドを実践することで次のように変わっていきました。

「入社以来、7年間一度も取っていなかった有休を思い切って取り、髪を切りに行きました」

「CITTAの朝活で自分に自信がもてるようになり、ずっと趣味で描いていたイラストをインスタグラムにあげたら、仕事の依頼が舞い込みました」

「専業主婦から、手帳カバー作家になることができ、離婚を考えていた夫ともラブラブになりました」

「夫の転勤で田舎に引っ越し、私の人生終わったと思っていたけど、千草さんに出会ってからやりたいことをどんどんやれる自分に変わり、この土地でたくさん友だちがで

きました」

「絵が好きで描いてはいたけれど、本当に画家になる決意をしたとたんトントンと話が進み、なんとパリで個展を開くことができました」

「建築家として自分の事務所を構えていましたが、本当にやりたいことは子どもの頃から続けてきた〝書〟だと気づき、仕事をやめて事務所を手放し、書家になりました」

これらは嘘みたいな本当の話で、私が出会った手帳のユーザーさんたちのリアルな声です。みんな以前とは別人のように、目をキラキラさせて生きています。

これは持論ですが、**やりたいことをやらずに我慢しながら生きているなんて、生きながら死んでいるのと同じです。**私が死んだ魚の目をしながら毎日をやり過ごしていたときがあるからこそ、あなたに伝えたいことがあります。

大丈夫、死なないから。

清水《きよみず》の舞台から飛び降りるような経験も、一度ジャンプしてしまえばなんてことはありません。

自分の心に素直になれば、自分が心から好きだ、やりたいと思えることに夢中になっ

て、ワクワクしながら人生を歩んでいけます。

この本が「生きづらさをどうにかして、なりたい自分になりたい」「忙しくても、時間がなくても自分を変えたい」と思っているあなたの助けとなり、実際に人生を変えるきっかけになればこんなにうれしいことはありません。

青木千草

Chapter 1★あなたが今「幸せでない」と感じているなら

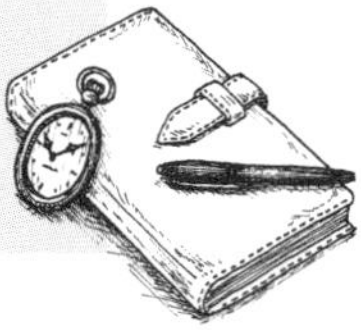

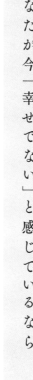

Chapter 2 ★ まずは「他人」より「自分」を満たすこと

Chapter 3★「執着」を手放せば人生はすべて上手くいく

Chapter 4 ★ 「苦しい人間関係」や「生きづらさ」から自由になるための処方箋

Chapter 5 ★

時間に愛される手帳術「CITTA式メソッド」とは

Chapter

1

あなたが今「幸せでない」と感じているなら

人生がつらいのは自分の「心の声」を無視しているから

「自分の人生を生きていない気がする」というジレンマ

「いつもすべきことに追われていて時間がない。観たい映画もやりたいことも、いつも後回し」

「忙しすぎて心も身体もパンクしそうだけれど、ほかに代わってくれる人がいないんだからしょうがない」

「自分がワガママを言い出せば職場も家庭も回らなくなってしまうから、我慢しなくちゃ耐えなくちゃ」

「結婚して子どもができたら、家族のために生きるものだし。それが幸せだし、当たり前よね……」

こんなふうに「自分の人生、どうせこんなもの」と無理やり自分を納得させて、どうにか日々をやり過ごしている、けれど、ふと家で一人になると「自分の人生を生きていない気がする」「どこで選択を間違ってしまったのだろう」「なぜ自分ばかりがこんなつらい目に遭うのか」と心が不安や不平不満でソワソワ、ザワザワしている。

こんな人が実は多いのかもしれません。

そんなあなたは、本当はとても頑張り屋さんで、他人のことばかり気遣うとてもやさしい人ではないでしょうか。きっとそうです。

もし、あなたが我慢をやめても、あなたが今いる世界が崩壊するなんてことは絶対にありません。

人はいつからでもやり直せます。何歳からでも変われます。

大丈夫、死なないから。

言いたいことを言っていいのです。

気を遣いすぎなくていいのです。

本当のあなたを出していいのです。

自分に嘘をつきながら生きている人生なんて、生きながら死んでいるようなものです。

自分の本音で生きるほうが実は周りに愛される人になるんですよ。

「こんなことを言ってはいけない」「やってはいけない」その考え自体があなたの思い込みである場合がほとんどです。

思い切って我慢を手放せば、あんなにつらかった毎日が輝き出し、あきらめていた夢や願いがどんどん叶《かな》い出します。

なにせ私自身が20年前、そう思って人生に絶望しながら生きていましたから。そんな中でヨガに出会い、ヨガ哲学を手帳で実践し始めたことで劇的に変わっていきました。

時間に愛され、自分の人生をいとおしく思えるようになったのです。

ぜひあなたに、私が体験したことをお伝えしていきたいと思います。

✦ 私が伝えたい、人生をラクに生きるためのヨガの10の教え

まずは、多くの方にとって耳慣れない「ヨガ哲学」について少し説明させてください。ヨガ哲学の土台となっているのが、人生をラクに生きるヨガの10の教え「ヤマ・ニヤマ」です。

ヨガの修行では、悟りに至るまでの8段階ある道のりのことを「八支則《はっしそく》」と呼びます。ヨギー（ヨガをする人）が守るべきものとされているのが、その八支則の1段階目「ヤマ（社会的規範）」5つ、2段階目「ニヤマ（個人的規範）」5つ、合わせて10の教えです。

ヨガはポーズをとるものと考えている人が多いのですが、次ページにまとめた八支則とヤマ・ニヤマの教えを見るとわかるように、実はポーズ（サンスクリット語では「アーサナ」と呼びます）についての教えが登場するのは、ヤマ・ニヤマに次ぐ3段階目。まずはヤマ・ニヤマを守り、人生をラクに生きられる「心」を手に入れてはじめて、安定したポーズをとることができると考えられているのです。

また、「執着を手放す」「両親に感謝をする」なども、私がヨガ哲学の中で学んだこ

ヨガの「八支則」「ヤマ・ニヤマ」

第1段階	**ヤマ（社会的規範）** ①アヒムサ　自分を愛すること ②サティヤ　自分に嘘をつかないこと ③アスティヤ　盗まないこと ④ブラフマチャリア　節度を守ること ⑤アパリグラハ　貪らないこと
第2段階	**ニヤマ（個人的規範）** ①サウチャ　心と身体を浄化すること ②サントーシャ　足るを知ること ③タパス　必ずやり遂げること ④スワディヤーヤ　自分を知ること ⑤イシュワラプラニダーナ　感謝すること
第3段階	**アーサナ（ポーズ）**
第4段階	**プラーナーヤマ（調気法）**
第5段階	**プラティヤハーラ（感覚器官のコントロール）**
第6段階	**ダラナ（集中）**
第7段階	**ディヤーナ（瞑想）**
第8段階	**サマディ（三昧、幸せな状態、自己実現）**

「ヤマ・ニヤマ」はヨガ哲学の土台。CITTA式メソッドは、手帳を活用してこのヤマ・ニヤマの教えを守りながら、自分の夢を叶えていきます。

とです。

ヤマ・ニヤマは、一見ごく当たり前のことのように見えますが、いざ守っていこうとすると難しいものばかりです。

ヨガ哲学の面白いところは、1つの教えを守ると自然に他の9つの教えも守れるようになることなんです。私自身、ヤマの1番目「①アヒムサ（自分を愛すること）」ができたら、不思議と他の教えも守れるようになっていきました。

自分に言い訳ばかりしてきた私にもできたのですから、あなたにも絶対にできます。

✦ ダブルワークで「べき・ねば思考」になった私

実は私自身が、かつては常に時間に追われ、ストレスいっぱいの生き方をしていた一人でした。

22歳でシングルマザーになった私は、気づかぬうちに自分の中の「○○すべき」「○○せねば」という思い込みにとらわれていました。当時は生活のため、昼は時給1400円の派遣社員としてテレアポの仕事をしながら、夕方以降はヨガのインストラクターとして働くというダブルワークをしていました。

「私が働かねば」と思っていたのです。

朝7時に息子を保育園に送ってから出勤し、17時の終業と同時に会社を飛び出して息子のお迎えに行き、母に息子を託します。そして息つく暇もなくレッスンへと急ぎ、家に帰るのは息子が寝入った深夜……という毎日。

いつもヘトヘトで、やりたいことをやっているはずなのに、なぜかちっとも楽しいと思えず、マシンのように毎日同じ生活を繰り返すことで精いっぱいでした。まるでハムスターが回し車をカラカラ回しているような生活をしていました。

本当は、インストラクター業1本に絞りたい。でも、保育料が毎月5万円かかり、生活のためにどうしても昼間の仕事がやめられなかったのです。

今でこそシングルマザーはめずらしくありませんが、私の住む田舎では離婚自体が肩身がせまく、さらに一人で子どもを育てるなんて……という世間の冷たい目線をいつも感じていました。

周囲の人から「シングルマザーだから、息子さんはやりたいこともできなくてかわいそうね」と思われたくないという意地もあったかもしれません。

当時やっていたテレアポの仕事は、どんなに理不尽なことを言われようが、怒鳴られようが、常に笑顔で対応しなければいけない仕事でした。心が笑っていないのに、「大変申し訳ございませんでした」「誠にありがとうございます」と口にする日々。心がすり減り、毎日がつらくて、いつも「やめたい」という思いでいっぱいでした。

自分に「仕方ない」と言い聞かせ、身体を引きずりながら会社に通い続けて2年が経った頃、ふと鏡を見たら、なんと頭に10円ハゲができていたのです。

私は愕然《がくぜん》としました。だって24歳のときの話ですから。

このとき、どんなに自分にストレスをかけていたのか気がつきました。

そしてまがりなりにもヨガを教えている自分自身が、**ヨガの「自分に嘘をつかない」という教えをまったくもって実践できていないことにショックを受けたのです。**どれだけ自分をないがしろにしてきたことか。どんなに実生活でヨガができていないかを思い知らされました。

先ほどもお話ししたように、ヨガの目指すところは難しいポーズを極めることではありません。最終的な目的は、「心の作用を止めること」にあります。私も何度もトレーニングで習っていたのに、その本当の意味を理解するのにはとても時間がかかりました。

5000年ほど前に書かれたと言われているヨガの聖典『ヨーガ・スートラ』には、「ヨガとは何か」について、サンスクリット語でこう書かれています。

1章2節　ヨガ　チッタ（心）　ヴィリッティ（作用）　ニローダハ（止滅すること）

直訳すると「ヨガとは心の作用を止滅すること」という意味。そう聞くと難しそうに聞こえますが、要は外側で起こることに対して感情の波に飲み込まれず、常に安定した心でいること。いわゆる**「ブレないマインド」**ですね。

そしてこの考え方こそが「ヨガ哲学」なのです。

私が運営しているヨガスタジオにも私の作る手帳にも、サンスクリット語で「心」を意味する「ＣＩＴＴＡ（チッタ）」と名付けたのは、自分の心を整えるきっかけになれば、という思いがあったからです。

自分の心の声に従って行動し、いつも安定した心でいれば、外からの声や出来事に

振り回されることなく、なりたい自分に向かって歩んでいくことができます。

自分の人生なのに自分の人生を生きていない気がする。それはきっと自分の心の声を押し殺して生きているからです。

24歳にして10円ハゲを見つけて、私はようやく自分の間違いに気がつきました。自分に嘘をつき続け、声に出せなかったから身体が反応してくれたのです。

翌日、私はあっさり昼の仕事をやめました。

世の中で一番大事にしなくてはいけないのは自分だからです。

✦ 人生を立ち止まれた息子のひと言

昼の仕事をやめた私は、もう一つ大きな決断をしました。

大事にしていた自分のヨガの夜のクラスも、突如すべてやめてしまったのです。

インストラクターになって5年目くらい。ちょうど脂ものってきていた頃だったので、やめると言ったらずいぶんとヨガスタジオのマネージャーに驚かれました。

大好きなヨガのレッスンを手放した理由。それは、自分の人生にとって忘れもしないこんな出来事があったからです。

夜10時半にレッスンから帰宅した私は、当時小学2年生だった息子に「起きてる〜?」と声をかけました。普段は起こさないようにと声をかけることはしないのですが、そのときはなぜだか声をかけるべきだという予感がしたのです。

するとと、私に小さく丸めた背中を向けながら、息子がボソッと

「お母さん、僕なんか生まれてこなかったらよかった」

と言うのです。

「え⁉」突然胸をギュッと締め付けられ、息ができなくなるような感覚に陥りました。

「あぁ、私のせいだ」

私は自分を強く責めました。

当時、実家暮らしでどうにか生活できてはいたものの、夕食を息子と共にしないのが当たり前の毎日。そんな生活が息子にとっていいはずがないのは、当たり前です。

「お金のことが心配だから」「シングルマザーであることに後ろ指を指されたくないから」と、もっともらしい言い訳をし、自分と息子が置かれた状況に、見て見ぬふりをし続けてきたツケが回ってきたんだと、胸をえぐられる思いでした。

翌日、私はレッスンをやめることを決意し、マネージャーに報告しに行きました。**インストラクターの代わりはいても、この子のお母さんは私しかいないのですから。**

そんな当たり前のことに気がついていなかった自分を恥じました。このとき息子が私に「人生で大切なものは何か」を教えてくれたのです。あのまま馬車馬のように働き続けていたら、私は本当に大事なものを失っていたと思います。

毎日の生活に違和感を覚えたら、強制的にでも立ち止まることが必要なのです。

このとき私を止めてくれた息子に感謝しています。

自分の本当の心の声に気づくことができる「理想の手帳」

✦「妄想手帳」を書いて気づいた衝撃的なこと

突然昼の仕事も夜の仕事もやめてしまったのですから当然ですが、私は失業したも同然の状態になりました。

しかも、これからどうするかまったくノープラン。

不安がなかったと言えば嘘になります。でも、生徒さんが増えてどんなに人気インストラクターになっても、いちばん大切な息子をこんなに悲しませてしまうのであれば続けることに意味がないと思ったのです。

昼の仕事も夜のクラスも手放してしまった私の手帳は、当然のことながらなんの予定もなく真っ白になりました。私は真っ白な手帳を眺めながら、**「で、どうしたい？」**と自分に問いかけました。

手帳を使って自問自答をやり始めたのです。それはヨガの師匠から「自問自答こそがヨガである」と常々言われていたからです。

「実生活でヨガをしていなければ、ヨガをしているとは言えない！」「レッスンの1時間だけでなく、24時間の中の残りの23時間でもいかにヨガをするか」を教えてもらっていた私は、学んだヨガ哲学をどうすれば日常で活かせるのかを考え、手帳に本当にやりたいことを書き出したのです。

私が当時使っていた手帳は、見開き1週間で1日の予定を時間ごとに管理できる時間軸が書かれているタイプでした。手帳がまだ真っ白なのをいいことに、「こうだったらいいな！」という理想とも妄想ともつかない予定を書き込んでいったのです。

すると……**毎週当たり前のように行っていた夜の時間帯にヨガのレッスンは一つも入っていない、という衝撃の結果となりました。**

あんなに「レッスンを入れなくては」「仕事をしなくては」と焦っていたのに、**内**

心では「夜は息子と過ごしたい」「夜にレッスンは入れたくない」とずっと思っていたのですね。

自分の心の声に、ようやく気づいた瞬間でした。

✦自分に必要なものだけしか受け取らない！

ブレないということがどういうことか、よくわかるインドの説話があります。

高僧が道を歩いていると、「知らないヤツに暴言を吐かれた！」と怒り狂っている男がいました。その男に、高僧はこう問いかけました。

高僧「あなたは、腐ったリンゴを人から差し出されたらどうしますか？」

男「え!?　そんなのいらないよ」

高僧「だったら、その暴言も受け取らなければいいだけです」

つまり、**自分に必要ないもの、この場合は「腐ったリンゴ＝暴言は受け取らなくて**

いい、持ち帰らなければいい」と言うのです。

この話をするとき、私がいつも思い出すのが、テレアポ派遣時代の同僚の女性です。

いつも明るく元気で、素敵な笑顔で過ごしていた彼女は、毎日重い身体を引きずって嫌々仕事をしていた私とは真逆の人でした。

その理由を知りたくていろいろ話を聞いてみると、実は社交ダンスを習っていて、A級を目指して大会に出るため、日々練習に励んでいました。自分のやりたいことに邁進《まいしん》していて心が安定していた彼女は、電話でお客さんに嫌なことを言われても、ニコニコとあしらっていました。仕事だけがすべての世界で生きていないから、ネガティブな感情に引っ張られることがないのです。

だから、心にホコリを溜《た》め込むことなく、元気でキラキラしていたのですね。

それに対して私は、腐ったリンゴを家まで大切に持ち帰って今日あった嫌なことを思い出し、あげく翌日まで持ち越すことを繰り返していました。

モヤモヤすることを言われたら、まず、

・いらないものは持ち帰らない。

・何か一つに集中する。

これが一番の方法です。

ヨガの瞑想方法にも、さまざまなやり方がありますが、何か一つ対象があるほうが取り組みやすいのと同じです。

単に「15分座って瞑想してみて」と言われても、最初はつらいですよね。けれど、「自分の呼吸に意識を向ける」「マントラを唱える」「歩きながら瞑想する」など、集中する対象を決めると、ただその行為に集中することで時間を忘れ、あっという間に時が過ぎます。ちょっとしたウォーキング、筋トレなどでもかまいません。

「嫌なことがあったときはこのルーティンをする」と決めておくと、心の掃除になりますよ。

手帳に書くと夢が叶う理由

✦手帳に書き出すと自分の本音が見えてくる

たくさんのホコリを溜め込み、ブレブレのマインドの原因になっていた昼の仕事と夜のクラスをやめた私は、理想のスケジュールを書いているうちに、自分の変化に気がつきました。

自分がワクワクすること、やってみたいこと、こうなったらいいなと思うことがどんどん頭に浮かんできます。

それを次々と手帳に書き出していきました。

ホコリがキレイさっぱりなくなったら、閉じていた心の蓋《ふた》がパッカーンと開き、自

分がワクワクすること、やりたいこと、やってみたいことがどんどんあふれ出てきたのです。たとえば、

- **自宅でヨガスタジオを開く。**
- **笑顔で息子のそばにいる。**
- **インドへ息子と旅行する。**
- **自分のやりたい時間にヨガのレッスンをもつ。**
- **自分の理想の手帳を作って販売する。**
- **その手帳を全国展開するために大型量販店に取り扱ってもらう。**

自分が書き出したリストを見て、

「私の本当にやりたいことって、自宅でヨガを教えながら、毎日笑顔で息子のそばにいることなんだ」

「あれ？　手帳は好きだけど、自分で作りたいと思ってたんだ」

と、改めて気づかされました。自分のことって、案外気づかないものなんですよね。

このとき、そうしみじみと実感しました。

✦なぜ「書くこと」が大事なのか

ところで、なぜ手帳に書くことが大事なのでしょうか。

心というのは目に見えないもの、日々変わっていくものです。 つかまえておけないものだから書いておかないと輪郭がぼんやりしたままですし、あとから思い出したいと思っても、忘れてしまっていることもしょっちゅうです。また、断片的に浮かんでくるものの中につながりを見出すことも難しいでしょう。

私も書いてみてはじめて、「ヨガで身を立てたい」「息子と幸せに暮らしたい」というバラバラだった願いが、「自宅でヨガを教えながら息子のそばにいたい」と一つにつながり、やりたいことが明確になりました。

私のお気に入りの本に『自動的に夢がかなっていくブレイン・プログラミング』（サンマーク出版）という脳科学者が書いた本があります。その本の中で、手書きで書くことが脳科学的にもいい理由が説明されています。

ドミニカン大学カリフォルニア校の心理学者ゲイル・マシューズ教授によると、**単に目標を設定するだけの人と比べ、目標を紙に書いた場合の達成の可能性は、1・4倍も高いことが実証されているのです。**

その実験結果がこちらです。

目標を書かない…達成率43%
目標を紙に書く…達成率61%

書くだけで達成率がこんなに違うなら書かない手はありません。

さらに書くだけではなく、行動計画を立て、友人と進捗《しんちょく》を報告し合うことを定期的に行えば、さらに達成率が上がっていくという実験結果が出ています。

やりたいことを書いたあとに、友人とシェアしたり、報告会をしたりするのは非常に有効な手段です。いきなり大それたことは言えなくても、思考を書き出すと不思議とだんだん人に言えるようになっていきますよ。夢を叶えるのに、仲間と「時間と空間」をシェアすると最強にパワーが増すのです。まずは思っていること、ワクワクすることを手帳に書き出していきましょう。
手帳に手書きすることは、未来を描く力があるのです。

✦ 未来を手帳に書いたら叶う理由とは

ワクワクすること、やりたいことを書き出し、それを見つめていると、不思議なことに手帳のほうから「それ、いつまでにやるの？」「スタジオはどんな感じにするの？」と問いかけてきます。それで私は、

- 自宅を改装して1年後にはヨガスタジオを作る。
- スタジオの壁や床は落ち着く濃い茶色にする。
- 改装費用100万円を貯めるため、月5万円貯金。
- そのために昼間のレッスンクラスをもつ。
- 集客は地元にファンを作るためにジムや施設でレッスンをする。

と、どんどん具体的な時期やイメージを手帳に書き込んでいったのです。いわゆる逆算思考ですね。

「水曜日に9時からのクラスを入れよう」「毎週金曜日は市内に出かける用事があるから、ここで13時から1クラス入れたいな」など、まだ決まっていないことを妄想し、真っ白なバーチカルに理想のスケジュールを書き込むことも続けていました。**面白いもので、書いておくと潜在意識にちゃんとそれが残っていて、自分でも気づかないうちに引き寄せられるのです。**

たとえば、「この車いいなぁ。欲しいな」と一度その車を認識して頭にイメージすると、なぜか街でその車ばかり見かける、そんな経験はありませんか。それと同じで、書いてしまえば無意識のうちに脳に働きかけてくれて、理想に向かって行動するようになります。

私も気がつけば、本当に1年後には理想のスケジュール通りのクラスをもつことができ、インストラクター業だけで生計を立てられるようになっていました。

それに加え、自宅を改装し、今私が経営する「ヨガスタジオＣＩＴＴＡ」の原型となるヨガスタジオをオープンすることができたのです。息子とのインド旅行や手帳の販売も、**書いてから1年以内にすべて叶っていきました。**

紙に書くことがPCのキーボードを打つより記憶に残ることは、数多くの実験結果でも証明されています。より思考を明確化し想いを実現化するのに、手書きに勝るものはありません。

✦「自問自答」が自分を変える

ヨガの師匠に教えられた「ヨギーとは自問自答をする人のこと」を、私は手帳で実践しました。

答えは自分の中にある。だから、「あなたはどうしたい？」と自分に問いを立て、その答えに素直に耳を傾けなさいというのです。

これを聞いて私は長年、胸に抱え続けてきた疑問が解け、ようやく腑《ふ》に落ちました。

それまで「夢を叶える手帳」というものもたくさん目にしてきましたが、書くだけで叶うって本当かな、と半信半疑だったのです。実際、書くだけで叶うわけはなく、書いたあとに「なぜそれをやりたいの？」「いつまでにやるの？」「本当にやりたいの？」

「どういうスタジオにするの？　壁の色は？」と自問自答し、その答えを書いて繰り返し見ることで、夢に近づいていけるというわけです。

ヨガの考え方を手帳に活かすと、夢が最速で叶う。

まさに、実感した瞬間でした。

Column

私が手帳マニアになった理由

私が「理想の手帳を作りたい」と思うほどの手帳マニアになったきっかけについて、少しだけお話しさせてください。

実は私、高校生のときに劇団四季を観て電撃が走ってしまい、「自分も表現する人になりたい！」と、ダンスやピアノ、声楽のレッスンを始めました。住んでいる滋賀県から教室のある京都まで、1時間かけて通うことにしたのです。

一気に習い事を3つ以上始めたので、私の予定は毎日17時以降レッスンでびっしりでした。毎日持ち物が違うので、学校との両立も大変になり、なんとか時間を効率的に使いたいと、夕方17時以降の予定が書ける手帳を使い始めたのです。

でも、土日の枠が狭かったり、時間軸が足りなかったりとなかなか自分の理想通りの手帳には出会えません。1日は24時間なのだから、24時間が見通せる手帳はないのかと当時から時間を手帳で俯瞰《ふかん》することを考えていたのですね。

使い始めてはまた別の手帳を探しに文房具店に行き、売り場を何時間も探し回り、すべての手帳を見比べても、自分の思う理想の手帳はありませんでした。

どこにも自分の理想の手帳って売ってないんだ……と打ちひしがれていました。それで高校生のときから手帳マニアになったワケです。

今思えば、なかったからよかったんですね。大人になってまた手帳にハマり、思ったことが「ないなら作るしかない」。これがすべての始まりでした。

イヤなことはやめていい！

✦あなたを一番愛しているのは誰ですか？

19ページでお話ししたヤマの最初の教えが、「アヒムサ」です。アヒムサとは、サンスクリット語で「非暴力」という意味です。「ア」が否定、「ヒムサ」が「暴力」を意味しています。

アヒムサはヤマの教えの一つであると同時に、10あるヤマ・ニヤマの一番最初の教えであり、一番難しい教えなのですね。

私のヨガの師匠は、こう教えてくれました。

「傷つけてはいけないのは、他人だけではない。自分も他人も傷つけないのがアヒム

サの教えだ」

かつての私は、「夢に向かって頑張っているのだから、大変でも耐えてやり抜かなければ」「無理をしてでもお金を稼がなくては」と考え、「忙しいから」と睡眠時間を削ったり、食事も適当に済ませたりするのが当たり前になっていました。嫌な仕事もお金のために我慢し、気づかぬうちにストレスを溜め込んでいました。

そんなとき、師匠にこう聞かれたのです。

「この世でいちばん自分を愛してくれているのは誰だと思う？」と。

私の母親かな？　いや息子かも。そう思いを巡らせていたら、間髪入れずに次のように言われました。

「ジブンである、と答えられないのならヨギーではない」

その言葉に、バケツの水を頭から浴びせかけられた気がしました。

このとき、**「アヒムサとは、まず自分を愛することである」**と学んだのです。

かつての私のように、仕事を「やめたい」という自分の心から目をそらし、お金や責任感を理由に自分をごまかしている人は、少なくないと思います。でも、それではいつまで経っても本当に自分のやりたいことができません。

そして、自分の心や健康を痛めつけてしまうばかりか、他人をも傷つけてしまいます。息子に悲しい思いをさせていた私がまさにそうでした。

これ以上続けたら、自分の心や自由、健康、命が削られてしまう。自分が我慢を続けることで、大切な家族や周囲の人が犠牲になっている。もうダメだ。もうできない。そう感じたら、**イヤなことはやめていい。逃げたっていい。**

この世で一番大事にしなくてはいけないのは自分です。そうでなくては、大切な家族を助けることだってできないのですから。

✦「自分の本当の心の声」に嘘をついていませんか？

イヤなことはやめていいと聞くと、「我慢も必要では？」という疑問も浮かんでくるかもしれません。

確かに、人には自分の武器となるスキルを身につけるために、頑張らなければいけない時期が必ずあります。ヨガをする人の資質として、やると決めたことをやる「タパス（苦行）」という教えもあります。ですが真面目な人ほど、自分の心に嘘をついて鬱《うつ》になるまで追い込まれてしまうのです。

やめるかやめないか。

こう悩んだときには、自分の胸に手を当てて、

「本当はどうしたい？」

と聞いてあげてほしいのです。

他人の「やめたらもったいない」とか「今よりよいお給料もらえるところないよ」という言葉ではなく、自分の心がどう言っているか聞いてみてください。

そのうえで、お金が入るか入らないかではなく、自分がやりたいからやっていることならば、最後までやり遂げましょう。

人は義務感のみで仕事をしていると、必ず不満が溜まっていきます。もらえる収入が高いから、という理由だけでは絶対に幸福感を得ることはできません。

他人に嘘をつくことより、自分に嘘をつくことのほうがよっぽど苦しいのですよ。

実はこれもヤマの二番目の教え「サティィヤ」に基づく考え方です。ヨガの聖典では「嘘をつかないこと」と説明されています。他人にも自分にも嘘をつかない、真実の言葉には力が宿るのです。

それゆえ**「サティィヤを守る人は、その人の言うことがすべて真実となる」**と言われています。また、嘘のない人の純粋な言葉と態度には、周りの人から絶大な信頼が寄せられます。

起業して上手くいくタイプの人は、この教えが守れている人です。

意図していなくても、信頼貯金がどんどん貯まり、あなたのやりたいことなら協力したいという人が集まってくるからです。

「心の声」に従えば人生は自動的に開けていく

✦自分を信じられれば周囲からの反対は気にならない

自分の心の声に従って行動を起こすと、思わぬ障害に遭うことがあります。それは周囲からの反対です。特に身内ほど反対することが多いものです。

私自身、両親から「生活はどうするの？　もっと現実的に考えなさい」と説教されたり、友人から「子どものことを考えてないの？」と非難されたりもしました。

とても悲しい気分になるし、くじけそうになりますよね。ヨガの教えを学んでから、私はなぜ彼らが反対するのかを考えました。その答えは「あなたを愛しているから」。それしかありません。今度から反対されたら「そんなに私のこと好きなのね」と思ってください。それが本当のところです。
あなたの人生はあなたのものです。もし、周囲の声に従ってやりたいことをあきらめたとしたら、「あの人に言われたからやめたんだ」とずっと人のせいにして、自分の人生の責任を他人に負わせながら生きることになります。だから他人の声は聞いてはダメ。聞くべきは自分の声です。

自分の人生の責任は自分がもつのです。

サティヤを守って自分を信じることは、他人も自分も傷つけないアヒムサを守ることにもなりますよ。

✦「上手くいかないこと」にも意味がある

すべてのことはギフトである。

これは私が好きな世界的なメンターコーチであるアンソニー・ロビンズの有名な言葉です。人生でどんな悲劇的なことが起こっても、それは意味づけを変えればすべてが上手くいく、という考え方です。この考えはヨガのカルマ（「業《ごう》」。134ページでも詳しくお話しします）からも学んでいたので、私自身どんなことがあっても人生には必要なことしか起こらないと考えていました。

カルマとは「因果」のこと。どんな結果も、それを生み出す原因があるのです。

ありがたいことにＣＩＴＴＡ手帳は今や累計33万部となり、確かに現状だけ見れば順風満帆のように見えるかもしれません。

でも、制作を始めた当初は困難の連続でした。ただ、あきらめなかっただけなのです。何か起きるたび**「ヨギーは結果に執着しない」**というヨガ哲学の考え方に何度も救われ、前に進み続けることができたのです。だってこの手帳は**私が作りたかったのですから。**どんな結果になっても人のせいにはしないと決めていました。

手帳を作るきっかけとなったのは、よく行くカフェの店長に言われた「手帳を作ったら？」というひと言でした。

自宅にヨガスタジオをオープンし、息子と過ごせるようになったものの、ヨガの考え方を手帳に落とし込み、時間を思い通りにコントロールしていこうとしても、なかなかそれを叶えてくれる手帳が見つかりません。学生のときもそうでしたが、手帳売り場を毎回リサーチして使い勝手のいい手帳を探していました。当時は24時間タイプのバーチカルを備えた手帳は少なく、朝も7時始まりのものが主流だったのです。それだと5時に起きてヨガの練習をする私には合わないし、書く欄が狭すぎるのも予定をたくさん書き込みたい私には向きませんでした。

それで4日間かけて、いつも行くお気に入りのカフェで1年分の手帳をノートに手書きしてみたんです。

定規とボールペンを使って365日分を手書きで書き上げました。それを見ていた店長に半ばあきれられながら「そんなに好きなら手帳を作ったらいいんじゃない?」と言われたのです。作るって手があったのか! と、まさに目からウロコ。理想の手帳が欲しいとは思っていたけれど、自分で作るという発想はありませんでした。

そこから得意の妄想力を発揮した私は、

- **自分の理想の手帳を作って販売する。**
- **その手帳を全国展開するために文具の大型量販店に取り扱ってもらう。**

と手帳に書き出し、「そのために何をすればいいか」を考え、また書き出していきました。

それが2012年のことです。

翌年には、5冊だけサンプルを作成。お金もなかったので、とりあえずただサンプルとして印刷会社に作ってもらいました。それをSNSにアップすると、「欲しい」という反響があり、翌月に増刷した200冊を完売することができました。

ただ、問題は来年度をどうするか、でした。

最初に作った手帳はリングノートタイプでしたが、次の課題としてはやっぱり製本したタイプの手帳が欲しいという声が多かったのです。

でも、製本を頼むとなると、最低ロットが1000冊からが基本です。とにかく刷らなければいけません。でも、なぜか私は「1000冊、売れる気がする」と思いました。なにせ、自分の理想の手帳ですから!

費用の100万円はもちろん自腹です。シングルマザーで余裕のなかった当時の私にとって、100万円は手が震えるくらいの大金でした。

師匠から「結果に執着するな」といつもクギを刺されていたこともあり、「売れなくても作りたいか？」と何度も繰り返し自分に問いかけました。

さんざん自分と対話して、「売れるか売れないかより、自分が絶対に世に出したいから出すんだ！」と思えたとき、チャレンジしようと決めました。私が手帳に救われたように、この手帳が必要な人がきっといると思ったのです。

当初、販路もまったく決まっていませんでしたから、慣れないPCを使い、Amazonでも売ることにしたのです。

ところが、1000冊制作したうちの300冊が売れ残るという結果に……。目の前に詰まれる在庫の段ボール箱の数の多さに、さすがにめげそうになりましたが、「どうしてダメだったのか」を冷静に考えました。

それで「そもそも本気でこの子たちを私は営業したのか」「知っている人が買えばいい、なんてあぐらをかいていたんじゃないか」「じゃあ、どうやって広めていこうか」と頭を切り替えることができたのです。

「なんで売れないの？」とイライラするのは、「売れるはず！」という自分の期待と違う結果にガッカリしてしまうから。**どんなに自分の期待と違っても、それを受け入れ、「自分を成長させてくれる糧《かて》」と思えば腹も立ちません。**何があっても、自分の糧になるのですから、失敗しても不幸せには絶対になりません。**すべては自分のとらえ方、心のあり方次第なのです。**

✦思考と言葉と行動を一致させると願いが叶い出す

そうは言っても手帳が売れ残ったとき、実はとても悲しかったですよ。だって認知さえあれば絶対に完売するポテンシャルがある手帳だと信じて、疑っていなかったからです。売れなかったのは自分の宣伝不足でしかないと反省しました。

キングコングの西《にし》野《の》亮廣《あきひろ》さんが言っているように「アーティストは作品を届けるまでが仕事である。作るだけ作って何もしないのは育児放棄と同じ」、まさにこのセリフのままです。

でも、ヨガ哲学を知っていたおかげで落ち込む暇もなく、また自分に問いかけました。「じゃあ次どうする？」と自問自答です。

「みんなに知ってもらうために、ＣＩＴＴＡ手帳の存在を広めるために、毎日ブログを書こう！」そう決めて手帳に書き込み、空き時間はとにかくブログに投入することを決めました。

今から10年前ですので、当時は主流がブログだったんです。その頃は自分のヨガスタジオのほかに、外でも教えていたので、ブログを書く時間を捻出《ねんしゅつ》するのに必死でした。

書けるのは朝起きてすぐの時間と、夜寝る前のみ。出戻りの実家暮らしだったので、自分の部屋には机もなく、そのへんの段ボール箱にＭａｃＢｏｏｋやｉＰａｄ、ｉＰｈｏｎｅを置いてブログを書きながら寝てしまう、そして目覚めたら続きを書く……というだいぶカオスな生活をしていました。

そんな中で、**「ただ決めたことをやる」**を実践してみたんです。

すると、２００だったアクセス数が3カ月で２０００に伸び、翌年の手帳はすべて売り切ることができました。

ヨガでは「思考と言葉と行動が同じ人がヨギーである。その人が言ったことがすべて真実になる」と言われます。

・「認知さえあればこの子は売れる。なら毎日ブログを書こう」と決めた心

・「朝起きてからの60分と、寝る前はブログを書く」と手帳に書いた言葉
・「実際に毎日書く」という行動

この3つの思考と言葉と行動が一致したことで、本当に現実が動いたのです。

今だから言えるのですが、実は60分でブログを書きあげられることは稀で、だいたい1つの記事に2時間かかっていました。書いたあとに推敲《すいこう》をして、自分で何度も読み返して写真を入れて……。

膨大なエネルギーを投入して、魂を込めてブログを書いていました。でも、それだからこそ多くの方に届き、無名の手帳が広がったのだと思います。

自分が決めたことを行動に移していくのに、実は才能もお金を稼ぐ能力も関係ありません。


決めたらやる。ただそれだけなのです。

✦ 他人との約束より自分との約束を守る

私はCITTA手帳の使い方を解説する手帳講座や講演会をやっているのですが、多くの方が「決めても続かない」「なかなか自分との約束を守れない」と悩んでいます。

私の師匠がよく口にするのが「やると決めたことはやる、それがヨガである」という言葉です。

「明日から5時に起きる」と手帳に書いたら、必ず5時に起きる。**手帳に書いたことは、絶対に守る。100%守る。それではじめて、「思考と言葉と行動が同じ」になり、思いや言葉が現実になっていきます。**

ただ、現実には「朝5時に起きよう」と決めても、なかなか起きられない。そんな人が多いのではないでしょうか。でも、誰かと朝6時に待ち合わせをしていたら、寝坊せず5時にパッと起きられるのではないですか？

不思議ですよね。なぜか他人との約束は守れても、自分との約束は守れないのです。誰にも迷惑をかけないからと、自分を軽視してしまうんですね。

他人との約束を優先する人は、実は手帳もそうなっています。ほぼすべての予定や時間が、仕事や相手の都合で決まっていませんか。自分の手帳なのに外から入ってくる予定ばかり。これではストレスが溜まって当然です。手帳には自分を優先してワクワクした予定を先取りしていきたいですよね。

次のChapter2では、そんなふうに自分を後回しにしてしまう心とどう向き合えばいいのか、どうしたら自分を優先できる思考になるのかについて、お話ししていきます。

Chapter

1

まとめ

★ ヨガの教えを生活に活かすことで「ブレないマインド」が手に入る。

★ 自分のことをまず自分が愛すること。

★ 自分の心に嘘をつかないこと。

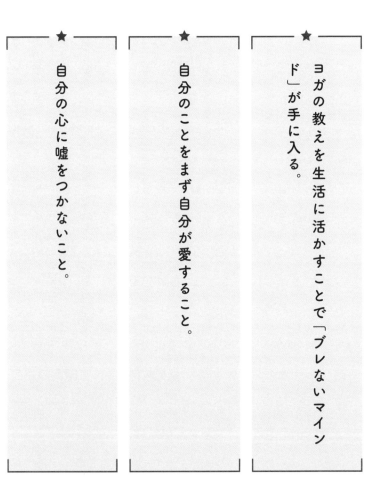

★

思考と言葉と行動が同じであれば夢が叶う。

★

手帳にワクワクすること、やりたいことを書いて、自分に問いを立てると夢が最速で叶っていく。

★

結果に執着しないという考えをもつ。

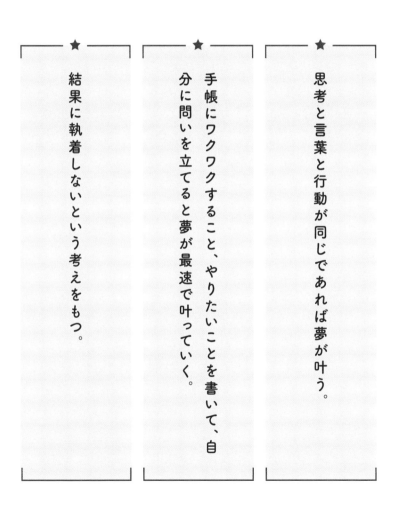

Chapter

2

まずは「他人」より「自分」を満たすこと

人生で一番大事なことは「自分を愛し、大切にすること」

✦他人との約束を後回しにしても大丈夫な理由

自分との約束は「まあ、いいか」と簡単に破ってしまうのに、他人との約束は必死で守ろうとする……。

そんなことってありませんか？

その理由を掘り下げていくと、一つには「嫌われたくない」があります。相手の要求を断ると、自分の評価が下がる気がする。嫌われてしまう気がする。機嫌を損ねてしまうのではないか。自分の立場が悪くなるかもしれない、などなど……。

だから、頼みごとをされるとなかなか断れないし、すぐ空気を読んで「ここは自分がやらないと他にやる人がいない」と先回りして行動してしまったりするのです。

仕事も遊びも自分の意志で「とことん頑張る」と決めて取り組んでいるならいいのですが、**心の中は憂うつなのに頑張り続けているのなら、今すぐ「大丈夫なふり」も、いい人でいるのもやめましょう。**自分を大切にしてください。自分を愛してあげてください。

自信がある人は、自分が大好きです。自分を大切にし、いつも自分を満たしているから、真っ直ぐにやりたいことやりたいと言い、自分との約束を守ります。

自分を大切にするために、相手を後回しにしたら、確かに相手は少し不満を感じるかもしれません。でも、ただそれだけのこと。それ以上でも以下でもありません。命をとられるわけではないのです。

頼みごとを断ったり断られたり、急なお願いを聞いてもらったり聞いてもらえなかったり。世の中はお互い様です。あなただけが、いつも一方的に我慢している状態が不自然なのです。**自分を優先することは、ワガママでもなんでもありません。**みんなは自分を大切にしています。だから、あなたも自分を愛し、大切にしていいのです。

✦もしも人生があと1年で終わるとしたら

とはいうものの、「自分を愛する、自分を満たすといっても、いまひとつピンとこない」「実際にどうすればいいのかよくわからない」という声をよく聞きます。

自分を愛するというのは、じつのところ難しいことでもなんでもありません。

- **自分がワクワクすること、やりたいことをやる。**
- **自分の人生を自分の手でコントロールしていく。**
- **自分軸で生きていく。**

本当にただそれだけのことなのですが、いろんなことにがんじがらめに縛られている私たちには、自分を愛するというハードルがとてつもなく高いものになってしまっているのです。

私の手帳講座では、事前にこんな宿題を出しています。

「自分がワクワクすること、やりたいことを書き出す〝ワクワクリスト〟を書いてくること！」

みなさんもぜひ挑戦してみてください。どんどんやりたいことは出てきますか？ それとも「全然書けない」と手が止まってしまうでしょうか。

書く際のちょっとしたルールがあります。ポイントは、2つです。

①108個のワクワクすること、やりたいことを書き出していくこと。

②「3日間で書き出す」という締め切りを設けること。

こうして改めて聞かれると難しいですよね。この宿題、実際に私の手帳講座でやってもらうと「108個も書くの⁉ 全然書けない……」「そもそも自分にやりたいことがない……」と手が止まってしまう方が大勢いらっしゃいます。

そんなとき、私がいつも言うのは、

「あと1年だけ生きられるとしたら、何をしますか？」

ということ。

すると、大半の人が「それなら、仕事をやめたい」「家族ともっと一緒に過ごしたい」と口にします。いつも他人や会社に振り回され、後回しにしてきた自分や家族のことが思い浮かぶ人が多いのです。

もう少し時間ができたら。お金があったら。チャンスがあったら……。そう思って自分のやりたいことを何年先送りしてきたでしょうか。

言うまでもなく、人生の時間は有限です。例外なく死はやってきます。**死ぬ間際に「本当はあれもこれもしたかった……」と後悔しないためにも、他人の目を気にせず、今思っている自分のやりたいことに集中していく必要があるのです。**

実は、ワクワクリストは人生哲学を説くビジネス書のロングセラー『完訳 7つの習慣』（キングベアー出版）に出てくる「時間管理のマトリックス」にある「第二領域」の部分と同じになります。第二領域とは**「緊急ではないけれども重要なこと」**です。いつも緊急なことに追われている私たちは、ついついやりたいことを後回しにしてしまいがちです。

でも考えてみてください。いくらお金があっても時間があっても、本当に使いたいことに使えていないなら、なんの充足感も得られません。

人生の質を上げるには、いかに第二領域を優先して行うかが重要なのです。

自分の中にあるワクワクと向き合うことは、本当に人生を豊かに過ごすうえで必要不可欠です。

一度立ち止まって「残りの人生でやりたいことリスト」を本気で書き出してみましょう。

それが「自分を知る」という行為になります。

✦ あなたが本当にやりたかったことを知る「ワクワクリスト」

ワクワクリストの「108」という数字は、除夜の鐘と同じ数で、私たちを悩ませる「煩悩《ぼんのう》」の数と一緒です。

煩悩とは、心身を悩ませ苦しめ、煩《わずら》わせ、汚す精神作用のこと。わかりやすく言えば、欲望や欲求、妄執《もうしゅう》、執着などのことを指します。

なぜこんなにたくさん書き出すのかといえば、私たちはみんな、子どもの頃から親や先生、友だちなど他の人が言うことに従って生きるクセがついているから。自分で自分に「成功しようが失敗しようが、私はこれがやりたい。やっていいよ」と許可を出してこなかったからです。

だからこそ、心の奥底に溜まりに溜まったたくさんの煩悩を「えいやっ」と洗いざらい引っ張り出す必要があるのです。

ニヤマには「スワディヤーヤ」という教えがあります。「スワ」は「自分」、「ディヤーヤ」は「学び」を指し、一般には「ヨガの聖典（『ヨーガ・スートラ』など）を学ぶこと」とされています。

一方で、原語をたどると「自分を知ること」という意味があり、私の師匠は**「スワディヤーヤとは『自分とは何か』を学ぶこと」「自分は何者か、という問いに答えるのがヨガである**」と教えてくれました。

自分を知るということは、自分が蓋をしてきた心の中の煩悩にも目を向けることです。たとえば、小さい頃、自分の夢を大人に語ったときに、

「歌手なんて、あなたには無理だよ」

「画家になる？　そんな夢みたいなこと、いつまで言ってるの？」

なんて周囲から否定されて封印したことはありませんか？　**実は昔にあきらめてしまったことの中に、自分が本当にやりたいことのヒントがよく隠されています。**

「ワクワクリストが書けない……」と悩む方は多いのですが、自分を知るということは、過去のつらい記憶と向き合うこと。だから苦しいし、つらくて当たり前。何度も逃げ出したくなることもあると思います。

子どもの頃から蓋をしてきた感情と向き合うには、時間がかかるのです。見ないほうが楽ですからね。

でも、人生一度きりなのですから。

やりたいことは全部やってみたらいいのです。

自分に気づいた瞬間から、本当の自分を生きられるようになります。

✦誰もが唯一無二の才能をもっている！

私たちはみんな「自分に才能なんかない。やりたいことなんてない」と思い込んでいます。でも、それは大きな間違いです。

私の朝活サロンに参加してくれた3人のお子さんをもつ会社員の女性も、子どもの頃の好きなことをヒントに、やりたいことを見つけた一人です。

企業の管理職を17年していた彼女。思考はすっかりガチガチになり自分の存在意義を会社内に見出していました。

彼女の仕事は、採用から、教育、営業マンとの橋渡し、営業先で泣かされてくるスタッフの心のケアまでと、じつに幅広いもの。スタッフの頑張りを会社へアピールするという責任ある激務をこなしていました。

身を粉にして働いていて、やっと仕事にやりがいを感じていたときに、3人目の妊娠が発覚。働きマンの仕事モードから産休に入らざるを得なかったのです。彼女が私が主催している朝活に来てくれていたのが、ちょうどそんなときでした。

もともと小さい頃から絵が好きだったけれど、周りにもっと上手い人がいっぱいいるし、自分に才能があるわけがない。絵描きになるなんて考えたこともなかったそうです。もちろん起業する勇気もないし、やりたいことなんてわからない。そう思い続けていました。

ほんの自分の趣味程度に、たまにイラストを描いてSNSにあげていて、朝活での小話のイラストやゲスト講師の似顔絵もよく描いてくれていました。それがとっても可愛くて、上手に特徴をとらえていました。

それをインスタグラムなどで公開したところ、なんとお客様からイラストの依頼が舞い込むようになったのです。「自分が描いた絵を売るなんて思ってもみなかった！」と言う彼女ですが、逃げずに自分と向き合ったことで新たな一歩を踏み出すことになりました。

彼女のビフォーアフターをまとめるとこんな感じです。

【ビフォーのキーワード】

・フルタイム勤務で子育て

・自分の時間がない
・自分に自信がない
・自分のやりたいことがわからない

【アフターのキーワード】
・何をしたら自分が楽しいのか？
・自分に何ができるのか？
・会社員という守られているところから、自分を信じて一歩進むことができた

「自分の中のアーティスト」は必ずいます。私は、才能を出し惜しみして自分一人で握りしめているのは、社会の損失だと思っています。

だって世の中にはあなたの才能を必要としている人がいるのですから。必要な人に届けないのは、立派な機会損失です。そう考えると、ゆっくりはしていられません。世のため人のために、ワクワクリストで自分の中にいるアーティストに気づいてあげましょう。

ワクワクすることに従えば夢は叶う

✦ワクワクは自分の心のバロメーター

実は、108個書き出す本当の意味は、それを片っ端からぜーんぶやっていこう！ということではありません。

たとえば、ワクワクリストが書けないと悩んでいた30代の女性に話を聞くと、「結婚して子どもが欲しい」「でも留学もしたい」「相反する願いだから、どうせ叶わない……」とあきらめていました。

でも、**ワクワクリストは必ず叶えなくてはいけないことを書くのではありません。**

自分が今考えていること、思っていることなら、なんでも書いてOK。そのことで、自分の心の状態がよくわかるのです。書けないなら書けないなりに「今はそういうときなんだ」と受け入れればいいのです。自分を責める必要なんてありません。

書けたときは、「あ、私は今、これがやりたいんだ！」と自覚することもあれば、何度書いても実行できない項目を見つけて「これ、よく考えたら全然やりたくない。本当の願いじゃなかった。憧れていただけだった」と気づかされることもあります。

そのことによって、頭の中がすっきり整理できます。

手帳術、時間術というと、ＴＯ ＤＯを書き出して、パズルのように何日の何時にやるかを割り振っていくイメージがありますが、**ＣＩＴＴＡ手帳のワクワクリストはＴＯ ＤＯリストとはまったく違います。**

「何が一番テンションが上がる？」

「どのワクワクが叶ったら一番うれしい？」

そんなふうに自分で自問自答して、本当の夢や願いを選んでいきましょう。

頭の中で、ああでもないこうでもないと考えてばかりでは、いつまで経っても行動に移すことはできません。心の中にしまいこんでいる思考を、ぜーんぶ引っ張り出して並べてみる。そこから、自分がワクワクすること、本当にやりたいことの原石を見つけ出していけばＯＫです。

願いを叶えることだけが、自分を愛するということではありません。こんなふうに、自分の心と丁寧に向き合っていくこと、その過程を楽しみ、毎日をワクワクしてご機嫌に過ごすこと。それ自体が自分を愛するということなのです。

✦ あなたはもっと幸せになっていい

講座に来てくれた会社員の女性も、ワクワクリストがなかなか書けないと四苦八苦していた一人です。そんな彼女が絞り出すように書いたのが、「福岡の有名スタイリストさんに髪を切ってもらう」ということでした。

そんなこと？　と思うかもしれません。

実は彼女、就職してから7年間、有休を一度も取っていませんでした。髪を切りに行きたいというささやかな願いですら、「みんなが忙しいのに自分だけ休むなんて」「他の人に業務でしわ寄せがいくから」という周囲に遠慮する気持ちや責任感から、叶えることができていなかったのです。

そんな彼女でしたが、ワクワクリストに書き出し、いつ行くかまでしっかりと決めたことで、住んでいた京都から福岡まで髪を切りに行くためだけに平日に有休を取りました。ここでようやく、数年越しの夢を叶えたのです。

報告にきてくれた彼女は、本当にめちゃめちゃ可愛くなっていました。

彼女は有休を取ることを誰かに阻《はば》まれていたわけではありません。**いつも他人より自分を後回しにするクセがついていて、「好きなときに休んでもいい」という許可が自分で自分に出せなかったのです。**

実際、彼女のような人は多いのではないでしょうか。

子育てしながら働くママ、パパであれば、「同僚に迷惑をかけていないか」「負担が他の人にいっていないか」をいつも気にして、「これは家でもできるので」と必要以上に仕事を家に持ち帰ったり、週末はパートナーに子どもを見てもらい、同僚に代わって休日出勤をしていたりするかもしれません。

反対に、職場に共働きの人が多い場合は、「身軽な独身がカバーするのが当然」という空気にモヤモヤを感じながら、自分を犠牲にして頑張っている人もいるかもしれません。

でも、どんな状況であれ、どんな立場であれ、

あなたは有休を使っていい。
定時に帰っていい。
急に休んでもいい。
言いたいことを言ってもいい。
他人のためでなく、自分のために動いていい。

あなたは、もっともっとワガママになっていいのです。

「自分中心で生きていい」「ワガママになっていい」と自分で自分に〝許可〟を出してあげましょう。自分を「仕方ない」とごまかしたり、休みたいのに無理をして頑張っ

たりして、自分に嘘をつくのはやめましょう。

最初の一歩は、それこそ髪を切りに行った彼女のように、清水の舞台から飛び降りるような気持ちになるかもしれません。でも、**その一歩が踏み出せれば、あとは加速度的にワクワクがあふれ出し、夢を叶えることができるようになるのです。**

✦「本当はこうしたい！」は口に出さないと始まらない

「そうは言っても、仕事も家事・育児も自分以外に誰もやる人がいないのに、急に休んでもいいなんて自分に許可は出せないよ……」という人もいると思います。

でも、ここで少し見方を変えてみませんか？

あなたが仕事や家事・育児を手放さないでいることは、他の人がその仕事を覚えるチャンスを奪っている、会社が体制を変える機会を奪っている、とも考えられるのです。

家事・育児であれば、パートナーから子どもの成長を見守る機会を奪っている、家事の楽しさを知る機会を奪っているという見方もできます。

もちろん、あなた自身にそんな気持ちはないことはわかります。

ただ、ヤマには**「盗まないこと」を意味する「アスティヤ」**という教えがあります。

これは目に見える物質ばかりでなく、時間や才能、愛情など目に見えないものを盗むことも指しています。


私自身もアスティヤの大切さを実感したことがあります。

自分のスタジオで教えながら、他所《よそ》にも教えに行っていた時期がありました。ありがたいことに、教えに行っていた先でも生徒さんがたくさん集まる人気のレッスンになったのですが、長年指導しているうちに教える内容と参加者さんの求めるものにズレが生じてきたのです。違和感を覚えていましたが、せっかく集まってくれた生徒さんに申し訳ないという気持ちがあり、なんとなく続けるうちに10年近くが過ぎていました。


そんなとき、後輩のインストラクターが「あのレッスン、私にください！」とこれ以上はないストレートな物言いで直訴してきたのです。

これには思わず笑ってしまいました。

後輩が正直に申し出てくれたことで、「あ、私、本当はこのレッスンを手放したいと思っていたのに、口に出せていなかった」「他の人が成長するチャンスを奪っていたんだな」と気づくことができました。

これだと、サティヤ（嘘をつかない）を守れていなかったことになるし、嘘をつくということはアヒムサ（自分を愛する）を守れていないことになります。

私が「本当はこのレッスン、誰かに譲りたいの」と本音を口にしていれば、もっと早くに「やります！」と手を挙げてくれる人がいたはずです。それなのに、**「生徒さんに申し訳ないから」と自分一人で頑張って握りしめていたことで、後輩インストラクターの成長の機会を奪っていたのはもちろん、生徒さんがモチベーションの高いインストラクターに教わる機会まで奪ってしまっていたのです。**

このとき、勇気をもって言い出してくれた後輩に感謝しています。

自分を愛し、大切にするための「技術」

✦ 自分中心で生きれば他人からの評価なんてどうでもよくなる

私に「そのレッスンください！」と直訴してきた後輩のように、自分の言いたいことを言えればいいのですが、普通はなかなかこうはいかないですよね。

「そんな失礼なこと言えるはずがない」

「もし、相手に手放すつもりがなくて、激怒されたら取り返しがつかない。周りにとんでもないヤツだって言いふらされちゃう」

「そんなワガママ許されるのかな？」

なんて感じる人も多いかもしれません。

でもそれ、ぜーんぶあなたの「思い込み」です。

確かに、言いたいことを言うにしても、「言い方」は大事です。仕事を断るときも、「やりたくない」と言ったらそれは角が立つに決まっていますよね。

そこは、「お力になりたいのですが、本当に今は手いっぱいなので無理なんです」という、大人の知恵が必要になってきます。

でも、それはあくまで小手先のテクニックにすぎません。大切なのは「言いたいことを言う」「人の機会を奪わない」「自分に嘘をつかない」という本質の部分です。

いくら「いい人」「仕事のできる人」「いいママ、パパ」だと他人から評価されても、自分の睡眠時間を削り、他人のために駆けずり回って消耗し、本当にやりたいことができていない状態が幸せと呼べるでしょうか。

自分が「こうありたい！」という自分になることができれば、他人の評価など気になりません。

大事にしないといけないのは「本当はこうしたい」という自分の気持ち。それだけです。

会社からの評価、他人からの評価なんてどうでもいい。

人生100年時代となっている今、長い人生の道のりを共に歩むのは他の誰でもない「自分」。ということは、最も大切にすべきは「自分」なのです。

✦自己投資がエネルギーになる

自分を大切にするには「自己投資」も大事です。

それが、興味のあるセミナーでも、おいしいランチでも、アンチエイジングの美容液でも、最新のガジェットでも、なんでもかまいません。

自分がワクワクすること、自分を満たしてくれるものに、ちゃんとお金を使っているでしょうか。

家族がいたり、専業主婦だったりすると、「あ、欲しい」と思っても、「だったら子どもの塾代に回そう」「自分には分不相応な値段だな」とあきらめてしまっていませんか？

自問自答したうえで、「これは自分を満たすために欠かせない」と思えば、躊躇《ちゅうちょ》せずお金を使いましょう。

「専業主婦だから夫に悪い」と思ってしまう人もいるかもしれませんが、あなたの後方支援があってはじめて夫の仕事が成り立っているのですから、専業主婦だって自分の楽しみのためにお金を使っていいのです。**自分に純粋に素直に生きていると、本当に必要なものがわかってきます。**

私にとっては、それがヨガでした。

とにかくヨガを追究したくて、いろんな先生のトレーニングやワークショップに国内外を問わず行きまくっていました。銀行口座に数千円しかないときも、「それじゃあ、自分でワークショップやるか！」とどうにか費用を捻出して、海外の先生の45万～50万円はするトレーニングに毎年行っていたのです。不思議なことに、なぜかいつもそのときに必要なお金が集まり、学びに行くことができていました。

今思えばエネルギーの循環をしていたのですね。よいエネルギーをもらって自分のコミュニティに活かすということを繰り返していたからです。これは家庭でも一緒です。あなたがご機嫌でいることが家族の幸せにつながります。

「これが自分には必要だ」と思うなら、思い切って自己投資してみてください。自己投資をすることで、「夫や子どもへの不満が消えた」「家族にやさしくなれた」という人が、実はとても多いのです。**まずは自分を満たす。自分からあふれたエネルギーで周りを幸せにすることができます。**

家族や他人を気遣うのはそれからでも決して遅くありません。

✦スポットライトは自分に向ける

今あなたが使っている手帳を開いてみてください。

自分のワクワクすること、やりたいことに関する予定は、どれくらい書き込まれていますか？

多くの人の手帳は、仕事のアポイントや家族のスケジュール、「誘われたからなんとなく」行くことにした飲み会や遊びの予定で埋め尽くされています。

自分が自発的に確保している「自分のための時間」など見当たらないことがほとんどです。

楽しみなはずの恋人との予定すら、相手の希望優先で自分は従うだけ……という人もめずらしくないのです。

他人との約束を守るために、自分を後回しにしてしまうのが当たり前になっていませんか？

忙しすぎる状況に不満を覚え、「上司が偏屈だから」「パートナーが手伝ってくれないから」「会社のルールがおかしいから」と他人や会社のせいにしていないでしょうか。会社の目標達成を考えるあまり、プライベートにまで効率や生産性が入り込み、窮屈になっていないでしょうか。

これではまるで、他人が主人公の舞台にチョイ役で出演している脇役のようなもの。舞台でイキイキと主人公を演じているのは他人や会社で、あなたはそれに対して愚痴や不満を言い立てているだけの存在になってしまっているのです。

スポットライトは他人や会社ではなく、自分に当てる。自分がどうしたいかを自分で決めて、他人軸で動いていた自分の人生の主導権を自分軸に軌道修正していきましょう。

あなたの人生の主人公は、あなた自身なのですから！

✦あなたが「だらだらスマホ」をしてしまう理由

「忙しくてやりたいことができない」と言いながら、私たちはついスマホをだらだら見たり、深夜までドラマを観続けたりしてしまいます。

そして翌朝、眠い目をこすりながらようやく起き出し、重い身体を引きずって会社に行くけれど、パフォーマンスが上がらずまた残業……。そんな負のスパイラルにはまっている人は多いのではないでしょうか。**これって間違いなくストレスが原因**です。

やりたいことではなくて「するべきこと」で24時間を覆い尽くしているからです。**昼間の自分に満足していないから、**スマホを使って現実逃避をしているのですね。

本当なら、その無駄な時間をやりたいことに使えばいいし、やりたいことが見つからないなら探してみればいいはずですよね。

でも、ありのままの自分と向き合って、やりたいことをやっていくには、気力、体力、精神力が必要です。だから、「時間がない」と言い訳しながら「プラーナ」を無駄遣いし、考えること、行動することから無意識に逃げてしまう人も多いのではないでしょうか。

プラーナとは、ヨガ哲学でいう「生命エネルギー」のこと。

人間はそれぞれ生まれながらにしてプラーナをもっており、私たちの心や身体の働きや動きをつかさどっています。呼吸や心臓の拍動、手で触れたときの感覚はもちろん、好き嫌いの感情や思考力も、プラーナの働きによるものです。

ただ、**私たちが生まれ落ちたときから、プラーナは減る一方。途中で補給することができないし、増やすこともできません。**

プラーナの絶対量には個人差があり、それはカルマに紐づいています。

ブレないマインドを大切にするのは、この限られたプラーナを自分のやりたいことに最大限に振り向けていくためなのです。

✦どんな人にもある心の奥の「生きづらさ」

とはいえ、自分中心の生き方にガラリとシフトチェンジできる方はそう多くないかもしれません。いざ実践するとなると、腰が引けてしまうことも多いものです。

手帳講座に訪れる方たちの話に耳を傾けていると、「時間がなくてやりたいことができない、見つからない」という言葉の裏に、「自分に自信がもてない」「自己肯定感が低い」という思いを抱いている方がとても多いことに気づかされます。

ごく普通に仕事や子育てをしているように見えていても、心の奥底には「生きづらさ」を抱えている人が少なくないのです。

あるピアニストの女性は、リサイタルで演奏活動をしながら、誰もが知るアーティストのサポートを務めたり、テレビドラマやCM、アニメ、ゲーム音楽などの演奏を手がけたりと、才能を活かせる職業に就いているばかりか、手がけた仕事も華やかなものばかり。他人から見ればうらやましいほどの成功を収めていました。

ところが、手帳を書き始める前は、自分の人生に自信がもてず「消えてしまいたい」とまで思っていたと聞き、驚きました。

その理由は、自分の音楽に自信がもてなかったから。作品をリリースすれば好意的な反応ばかりとは限りません。いろいろ言われるコメントに傷つき、いつしか「自分の思うように表現したい」という本当の自分の気持ちは心の奥底にしまい込み、いつも他人や世間から評価されることを優先して考えるようになっていたのです。

他の人や世間の顔色をうかがって仕事をし続けてきた結果、少し批判的な声を耳にしただけで、ひどく落ち込むようになってしまったと言います。

世間から見れば「成功している」「優秀だ」と評価されていても、まず自分自身が自分を認めてあげなければ、満たされることはありません。

もっと言うと、自分を満たすには「何かをしたら認められる」という考えではなく、「何もしなくても自分に○（マル）をつける」という考え方が必要です。何もしなくても、自分は十分な存在であると認めることです。

自信がもてないのは、本当の自分の望みを叶えていないから。他人の顔色をうかがい、「何をすれば認められるのか」といつも不安にさいなまれ、自分の心に蓋をして言いたいことも言えず、大きなストレスを抱え込んでいるのです。

自分を愛し、大切にするための「習慣」

デジタルデトックスでストレスまみれの日々をリセットする

ストレスだらけで自分に自信がもてない、自分を愛せない。忙しすぎて何も考えたくない。ワクワクすることを書き出す気力もないし、そもそも自分にはやりたいことなんかない……。

そんなふうに絶望感にさいなまれているときは、騙《だま》されたと思って「何もしない2時間」を意識的に作ってみてください。

「何もしないは最高の何かにつながるんだよ」

これは「くまのプーさん」の名言です。忙しくバタバタしているクリストファーに向けて言ったセリフです。

実は、何もしないことのほうが驚くほど生産性を上げることがあるのです。頭をカラにするからこそ生まれるアイディアがあります。

このときスマホは、必ず音も振動も出ないフライトモードにしておくこと。なんとなくスマホを見たり、テレビをつけたりせず、あえて「何もしないこと」を「する」、あるいは「目的なしに何かをする」時間をもつのです。

窓の外をぼーっと眺めたり、ソファに寝そべって音楽を聴いたり、近所をぶらぶら散歩したり、お気に入りのゲームをやりこんだり。

次の予定や今抱えている問題からいったん離れて、心を浮遊させましょう。それがあなたのエネルギーチャージになるからです。

私たちは、「何かをする」プラスのアクションは得意なのですが、「何もしない」という引き算のアクションは不得意です。何か生産性を生まなくては、と思い込んでいるのです。

人生には何もしない時間が必要です。

生産性なんかいりません。

まずは自分に「何もしない」時間を許して、「タスクを片付けなければ」「期待に応えなければ」「成果を出さなければ」という義務感や効率性、生産性から自分を解放してあげましょう。ストレスが癒されて心が軽くなり、「本当の自分」が取り戻せるはずです。

✦自己肯定感と自信が育つ、朝の時間の使い方

もう一つ、「自分を後回しにする生き方」を脱して、自分を愛せるようになるために、すぐ実践できて効果抜群な方法があります。「朝、自分が決めた時間に起きること」です。

「え!? それだけ?」と意外に思ったでしょうか。

起きるという行動は、その日1日の最初の決断です。ここがグダグダになってしまうと心の状態もブレて、思うように考え、行動することができません。

会社や他人にコントロールされている人生を自分の手に取り戻すには、まず自分が

決めた時間に起きて、自分との約束をきっちり守る。そうやって**「最初の決断」から1日を始めることが、自己肯定感を高めて「自分はやれる」という自信を育ててくれるのです。**

6時にアラームをかけているけれど、布団の中でゴロゴロしたり、何度かアラームを止めたりしているうちに、なんだかんだで結局起きるのは6時半や7時になっている、なんて人はめずらしくないと思います。

あなたはどうでしょうか？

かくいう私も昔は早起きが苦手で、今日も1日が始まると思うと「永遠に寝ていたい」と思うタイプでしたから、その気持ちはわかります。

変わるきっかけは、朝に目覚ましを何度も止めていることが師匠にバレて、こう言われたことでした。

「なんのために？」(目覚ましを止めているんだ、の意)

ハッとしました。なんのためなんだろう。ただぐずって朝起きたくないだけで、結局は起きなければなりません。

1日の貴重な時間を無駄にしているのは他でもない自分です。

「7時に間に合うなら最初から7時にセットしておけばいい。ヨギーとは決めた時間に一発で起きるものだ」

そう、なぜならヨギーは自分との約束を守る人ですから。

耳が痛くなりました。

そう言われた翌日から私は、一回で起きる！ を徹底するため、携帯アラームのスヌーズ機能を使うのをやめ、ニトリで目覚まし時計を買ってきました。決めたら、意外とできるものです。当時はこれで5時に起きられるようになり、今では毎朝4時に起きています。朝が早いと強制的に夜眠くなるので、次第に整っていきます。

さあ、あなたは本当なら何時に起きたいですか？

さっそく今日から、本当にあなたが起きたい時間にアラームを合わせましょう。

ヨギーのように「一回で起きる」にトライしてみてください。

✦ 1日の始まりの30分を自分のために使おう

そもそも、なぜ何度もアラームを止めては鳴らす……を繰り返すのでしょうか。

実は二度寝がまったく脳の休息にはならないことは、脳科学的にも実証されていま
す。ただ、わかってはいても、なかなか起きられないですよね。

それは、起きてしまえば、うんざりするTO DOが始まってしまうからです。昨晩できなかった仕事の資料作りや子どもの弁当作りに追われると考えると、起きるのもおっくうになってしまうのは当然のことです。

1日のどこかで自分の時間がもてないと、どうしても「これでいいのかな」と心が疲れやすくなってしまいます。

であれば、「起きるのが楽しみ!」という状態を作り出してしまえばいいのです。

そのために、できることならあなたの起きたい時間を30分だけ早めてみてください。

30分が難しければ、15分でも20分でもかまいません。

その理由は、早起きした30分を、会社や家族のためではなく、**「自分のためだけに」**使うためです。

30分早く起きられたら、あなたはどんなことがしたいですか? 早起きできたご褒美として、自分がワクワクすること、やってみたいことをイメージしてみてください。

コーヒーを淹《い》れてゆっくりした時間を過ごしたり、ウォーキングやヨガをしたりし

てもいいですし、ベランダに出てボーッとするだけでもＯＫ。

毎朝、自分が決めたモーニングルーティンをコツコツ積み重ねていく。そのことが、自分の時間を自分でハンドリングできているという実感につながって、自己肯定感を高めてくれます。


私自身も以前はベッドサイドにＰＣを置いていて、朝起きたらすぐベッドの上でメールチェックをしたり、ブログを書いたりするのが習慣になっていました。

それが終わると家族の弁当作りや講演会の資料作りといったＴＯ ＤＯに追われ、自分の時間がもてない日々が続いていました。自分の経験をもとにして言うと、こうして自分を後回しにし、仕事を優先し続けると、必ず心が達成感や成長する努力ばかりを渇望する事態に陥ります。

私も働きすぎて副交感神経のバランスが崩れ、目から涙がとまらなくなったり、家庭をないがしろにしたりしていた時期があったからこそ、声を大にして言いたいです。

この世で一番大事にしないといけないのはあなた自身です。

ほんの30分、15分でもかまいません。朝一番に優先させるべきは自分の時間です。

やるべきTO DOからではなく、「WANT TO」から1日をスタートさせて、自分の人生を生きていきましょう。

✦心に波がなく、フラットな状態に戻る方法

自分が決めた理想の起床時間と就寝時間を、手帳のウィークリーページに書いて、とにかく1週間続けてみましょう。朝起きるためには、夜寝る時間を死守してください。なぜか皆、夜は自分の時間が永遠に続くかのように思い、つい夜更かしをしてしまう人が多いのです。守るべきは夜寝る時間です。

ヤマには「苦行」を意味する**「タパス」**という教えがあります。もともとは、熱をもって毒を焼くという意味があり、**情熱と強い意志をもって、一度決めたことをやり抜く**ことだと解釈されています。

ヨガの師匠からも、「やると決めたことはやる。それがヨギーである」と、口を酸っぱくして言われていました。自分が決めたこと、手帳に書いたことは絶対に守る。そ

のくらいの固い覚悟が必要です。

そうは言っても自信がない方もいるかもしれません。ここで毎日続けるコツをお伝えしましょう。

自分が決めたことを達成できたときの気持ちを想像してみてください。

すると、「朝を気持ちよくスタートできた」「落ち着いた状態で仕事に入れた」「子どもがなかなか起きなくてもイライラせずにいられた」「朝ご飯をゆっくり食べられた」など、これまでとの違いや気持ちよさ、心の穏やかさや落ち着きを感じられるのではないでしょうか。

毎朝、スッキリ起きられて自分の1日を自分でコントロールしている自分の姿を、できるだけ具体的にイメージしてください。上手くしかいかない。そんな感じです。

ふだん他人の感情を優先して生きてきた人ほど、誰にも遠慮することなく自分だけのワクワクに浸ることが、大きな心の癒しになり、「これでいいんだ」と自分の存在を肯定する力になります。朝起きることは自分へのご褒美ですよ。

朝起きる時間を手帳に書く

✦ 昔から早起きが心と身体にいい理由

中には「そうは言っても私、夜型なんだよね」と思う人もいるかもしれません。

確かに誰もが朝型とは限りませんし、仕事などで夜が遅い人はそのぶん早起きしなければなりません。それでも、早起きをおすすめするのは、ヨガ的にも1日のうちで最もエネルギーが高い時間が早朝だからです。数年前に『朝時間が自分に革命をおこす　人生を変えるモーニングメソッド』（大和書房）、『うまくいっている人は朝食前にいったい何をしているのか』（SBクリエイティブ）など、ビジネス書でも朝活本が流行《はや》りましたよね。これらに書かれているのは、世界で活躍しているCEO（最高経営責任者）

ほど4時起きであるということです。実際朝早くに仕事をしているほうが効率的であることが証明されています。

ヨガでは早起きすること、それ自体に意味があるとされています。

ヨガでは、日の出前の96分間を「ブラフマ・ムフルタ」と呼んでいます。**ブラフマ・ムフルタは「神の時間」という意味で、太陽と月が入れ替わる、1日24時間の中で最も澄んだ神聖でエネルギーに満ちた時間帯とされています。**

インドの神話には、ブラフマ・ムフルタの間に降り注ぐとされる不老不死の甘露《かんろ》「アムリタ」が登場しています。このアムリタを得られるのもこの時間。季節によって日の出の時間は変わるので、およそ午前3時半から6時くらいです。

だから、ヨギーたちはこの時間に瞑想やプラクティスに取り組むのです。ヨガにかぎらず、ウォーキングやストレッチでもいいんですよ。とにかくベランダに出てう～んと両手を上げるだけでもエネルギーを得られます。

若くいられる不老不死の甘露が浴びられると思うと、早起きするのも楽しくなると思いませんか？

夜勤などがあって難しい場合は、起きたあと30分、自分の時間をもつだけでもかまいません。お休みのときなどに、ブラフマ・ムフルタのパワーをぜひ体感してみてください。

✦ 時間と空間と仲間の力で自分を変えてみる

「早起きがいいのはわかったけれど、起きられる自信がない」「完全に夜型だから到底朝5時に起きられる気がしない」そんなあなたに朗報です。

一人では自信がなければ「仲間の力」を使ってみませんか。**自分一人の約束は守れなくても、他人との約束は守れるものです。**実はコロナ禍になった際に、何かできることはないかなと思い立ち、2020年から朝活をオンラインで始めたのです。今まで累計1300名以上の方が参加されています。

朝5時から30分間、オンラインで全国の仲間とつながることができます。

本当にありがたいことに、「この朝活に参加したことで人生が変わった」といううれしい声をたくさんいただいています。

時間と空間を仲間で共有すると、ものすごいパワーが生まれるんですよ。その場にいるだけで仲間とつながれる感覚があり、多くの友だちができたとよくコメントをいただきます。

今は朝活コミュニティがたくさんあるので、自分が合いそうだなと感じたコミュニティのどこに参加してもいいと思います。

どんな人でも早く寝れば早く起きられるようになります。一人が不安なら、仲のいい友だちと朝活をしてみるのも手です。ぜひ仲間と一緒に始めてみてください。

✦「今すぐやる！」ことの大切さ

自己肯定感を高めて自信をもち、自分を愛するためには、自分で決めた「自分との約束を守ること」だけ。特別なことは何もしなくていいんです。

さらに大切にしてほしいのが、「決めたらすぐやる」ということ。

「今は忙しくて寝るのが遅いから」

「いつかきっと……」

「話はわかったけど、早起きが苦手だからどうしよう」

そんなふうに迷っている時間がもったいないと思いませんか？

自信は積み重ねていくものです。心と言葉で決めたことを行動に移し、それを何度も繰り返すことで、「自分はできる！」と自信になっていきます。

パッと思いついたら、ピッとやる。

それくらいのスピード感がいいのです。

なぜかといえば、思いついたときが、熱量が一番高いから。「もうちょっと考えてから」なんて寝かせてしまうと、結局やらずに終わってしまいます。

「今度やろう」とか「明日やろう」ではダメ。思い立ったら〝今〟なんです。

もし、「早起きってよさそうだな、朝5時に起きてみようか」と思ったら、さっそく明日からやりましょう。大丈夫。できます。

そのうちに、「思ったこと、書いたこと、ぜーんぶ叶ってる！」という日が必ずやってきます。

やってみて、もし自分に合わないと思ったら、また違う方法を探せばいいのですから！

このChapter2では自分を満たすためのさまざまな考え方や方法を紹介してきましたが、いざ自分で決めたことを実践しようとすると、私たちの前に立ちはだかるのが「執着」です。次のChapter3では、執着を手放し、ブレない心を作るための方法についてお話ししていきます。

Chapter 2

まとめ

★

誰もが才能があること、自分の中にアーティストがいることを信じる。

★

ワクワクリストを書くことは、スワディヤーヤ（自分を知る）を守ることになる。

★

自分の才能を過小評価したり、自分の仕事を握りしめていたりするのもアスティヤ（盗まない）に反する。

1日の最初の決断が朝起きること。決めた時間に起きることが自分を信じることになる。

神聖な日の出前の96分間の時間帯「ブラフマ・ムフルタ」を味方につけてエネルギーをチャージする。

仲間の力を使って時間を共有することで強いつながりが生まれる。

Chapter

3

「執着」を手放せば人生はすべて上手くいく

私たちを苦しめる「執着」の正体

✦「執着」があるから苦しくなる

「朝早く起きると自己肯定感が高まる！」

「手帳にワクワクリストを書き出していつやるか決めると、なりたい自分になれる！」

前章でこう述べてきました。

しかし、それを続けるのは至難の業。なかなか続けられない……という人もいますよね。

私自身も、最初のうちは「手帳を毎日書こう」と決めても空白の日ができてしまったり、「毎朝、ヨガのプラクティスをやろう」と思ってもサボってしまって続かなかったりと、自己嫌悪に陥って、なかなか思うようにいかない時期がありました。**そこで書けない時期の自分を観察してみたのです。手帳に空白ができている時期を振り返ってみると、「彼氏にフラれた」「友だちと喧嘩《けんか》した」「仕事が上手くいかない」などといった、まさに「心のブレ」が原因でした。**

ヨガの練習が続かなかったのも同じです。「昨夜は友だちと遊んでしまって寝るのが遅くなったから」「忙しくてやることがあったから」と言い訳して、自分との約束はどこかに吹き飛んでしまっていたのです。


そう、心がブレてしまう原因は、感情の波立ちにあります。

さらに言うと、感情が波立って心がそのことばかりに「とらわれ」てしまうのです。

この状態が「執着」です。

悩みがあれば、心の中がいつもそれでいっぱいになり、気持ちが落ち込んでやる気が起きなくなってしまいます。

苦しい。ツライ。憂うつになる……。そうなると、自ずとやりたいことに割くための気力や時間が削られて、習慣なんて身につくはずがなく、またいつもの自分に逆戻りしてしまうのです。

✦ イライラ、クヨクヨ、不安、怒り……はエネルギーの無駄遣い

ヨガには、「ヴァイラギア」という教えがあります。執着しないこと、手放すことを意味する言葉です。

恋人を愛しすぎて「この人しかいない」と執着すれば、その人を失ったときのダメージは計り知れないほど大きなものになってしまいます。

また仕事で結果を出すことに執着すれば、ちょっと仕事が上手くいかないだけで憂うつになってしまいます。

執着によって、落ち込む、悩む、イライラする、クヨクヨする、不安になる、腹が立つ……といった状態に陥り、同じことをぐるぐる考えてしまう時間は、すべてプラーナ（生命エネルギー）の無駄遣いです。Chapter2でお話ししたように、私たちが生まれ持ったプラーナには決められた量があり、なくなれば死んでしまいます。感情の上がり下がりでも多大なプラーナを浪費してしまうのです。大切な限られたプ

ラーナを、こんなことで無駄遣いしたくはないですよね。

また、ヤマには「ブラフマチャリア」という教えもあります。ヨガの聖典では性欲のコントロール（禁欲）を意味しますが、現代の私たちの暮らしに当てはめると「節度を守ること」「エネルギーの無駄遣いをしないこと」、つまりは「**プラーナの無駄遣いをしないこと**」と考えるとわかりやすいと思います。

働きすぎ、食べすぎ、遊びすぎ、寝すぎ、お金を使いすぎ、セックスしすぎなど、私たちはつい欲のままに行動したり、「ストレス解消」を言い訳に自分の身体を痛めつけたりしてしまいます。ついつい意図していなくても感情のままに行動してしまい〇〇しすぎ、というのが私たちは得意なんですね。

また、インドではヨガの聖典を学ぶ学生のことも「ブラフマチャリア」と呼びます。彼らは毎日教えを守って正しい生活をし、瞑想《めいそう》しています。常に自分の感情が動かされないよう修行しているわけです。考えれば学生時代のほうが生活リズムは整っていましたよね。大人になれば、自分が怠けていようと誰も注意をしてくれません。1日をどんなふうに過ごしても自己責任だし、自己管理能力が問われます。

だからこそ**ブラフマチャリアを守れば、強い精神力と力が備わると言われています。**競技に集中してストイックな生活を送る精悍《せいかん》なアスリートを思い浮かべてみると、このイメージに近いのではないでしょうか。

限られているプラーナなのですから、自分の本当にやりたいことや大切な人のために、自分のエネルギーを最大限使っていきましょう。

✦ 自分が変われば相手も変わる

なぜ、私たちの心には執着が生まれ、自ら苦しみを背負ってしまうのでしょうか。なぜ心がブレてしまい、思うように生きられないのでしょうか。

それは、変えられないこと、変えられることを区別して考えることができていないためです。たとえば、考えが合わないパートナーといつも衝突し、喧嘩ばかりして疲弊したことはありませんか。ヨガの考えはこういうときも私たちを救ってくれます。

あるとき「手を合わせるのは何のためか」とヨガの師匠から聞かれたことがありま

した。

師匠いわく、**「右手が父親、左手が母親、それが合わさって自分が生まれる。親に感謝できないならヨガをやる資格はない」**と言うのです。

私にはこれがとても難しい課題でした。父とは良好な関係ではなかったからです。

当時、私は息子と共に実家で暮らしていました。昔、自営業をしていた両親は、父が多額の借金を負って自己破産せざるを得なくなり、会社は倒産しました。

父は、家族を捨てて家を出ていったと思ったら、突然2年後に家に帰ってきて何事もなかったように再び一緒に暮らし始めました。泣かされた母のことを思うと、こうした父の行動が許せなかったのです。

私が息子と過ごしながらヨガの仕事をするために、自宅にヨガスタジオを作ったと既にお話ししましたが、ちょうどスタジオに改装するときに父が帰ってきて「ここはオレの家だ！」と猛反対されました。父とは口もきかない状態が続いていたので、まさかの「感謝しなさい」という師匠の言葉に「え⁉ なんで悪くない私のほうから折れなきゃいけないの⁉ そんな理不尽な！」と心底驚きました。

ただ、ヨガの聖典には、「他人も自分も傷つけないアヒムサを実行すれば、周囲から敵がいなくなる」と書かれています。自分の愛が相手に伝われば、自ずと相手も自分を愛して大切にしてくれるというのです。

そこで私は考えました。

母と父がいなければ私が生まれなかったのは紛れもない事実です。

そんな父を憎み否定して傷つけることは、結果的に自分を否定することにつながってしまいます。**親が嫌いという感情をもっていると、心から自分を好きになることが難しいことに気がついたのです。**

私は親との関係を改善して自分を好きになりたいし、自宅でヨガスタジオを開くことを応援してもらいたい。

相手を変えようとするのではなく、自分が変わろう。

「悪いのは父」「正しいのは自分」という考えに執着するのはやめよう。

このとき、変えられないこと、変えられることを区別して考えるとは、こういうことだと体感しました。相手を変えることはできないからです。

そこでさっそく手帳に「父に毎朝『おはよう』とあいさつをする」と書き入れました。

それでも最初のうちは「なんで私が……」と抵抗を感じていましたが、とにかく続けていくと次第に父が私に話しかけてくるようになりました。

スタジオをオープンしてからも、あんなに反対していたのが嘘のように「駐車場整備しておいたよ」「玄関の花壇に花植えといたから」と父が協力的になりました。

お互い聖人君子ではないので今も衝突することはありますが、何があっても、ただいてくれるだけでありがたいと感謝できるようになったのです。

✦「理不尽な目に遭ったとき」は感情と会話しない

私ばかりでなく、誰しも似たような理不尽な経験をしたことがあるのではないでしょうか。

たとえば、ヨガのレッスンを受けたり、友だちとのおしゃべりや旅行を楽しんだりして、すっきりした気持ちで帰宅。家のトイレに入ったら、出かける前はキレイだったのに、なぜか汚れ放題。キッチンには汚れたお皿が山積み。素敵な気分はどこへやら、もうイライラが止まらない……なんて話をヨガの生徒さんたちからよく聞きます。

日常には理不尽なことがあふれています。

たとえば部下や後輩が「相談がある」と言うから時間を作ったのに、「今日は早く帰らないといけないので」と言われてしまった場合……。「自分がお願いする立場なんだから、こっちの都合に合わせるのが普通なのに」とイライラしながら、結局自分が時間を合わせるハメになり、損な役回りを押し付けられたりすることもあるかもしれません。

ヨガ哲学では、家を散らかす家族も、なんでも質問してくる同僚も、自己中の部下や後輩も、「そういう人だ」と受け入れると説いています。

なんで悪くないほうが配慮しなければならないのか、腹が立ちますよね。できればやらずに済ませたいと思ってしまうのも当然でしょう。でも、どうせ自分がやらなければならないことなら、**感情と対話せず、淡々とやればいい。それがヨガの教えなのです。**ただ、やっていれば見ている人は見てくれているし、家族もあなたにとても感謝しているのですよ。

言葉では言ってくれませんが、そういうものです。

「執着」を手放せば人生はたちまちラクになる

✦古代インドの知恵に学ぶ「執着」の手放し方

こうした教えが説かれているのが、紀元前200年から紀元後200年の間に成立したと言われる『バガヴァッド・ギーター（以下、『ギーター』）』です。

ヨガには、本書でも何度か登場している『ヨーガ・スートラ』のほかにさまざまな聖典があり、この『ギーター』もその一つです。ギーターはマハトマ・ガンジーなど数多くのインドの指導者にも影響を与えている聖典で、物事の本質や生き方を私たちに教えてくれています。

ギーターにはカルマヨーガ（行いのヨガ）の教えが書かれており、与えられた役目を果たすこと、カルマの結果を受け止めることが説かれています。ギータの物語は、王族間の戦争について語られた『マハーバーラタ』という古代インド最大の叙事詩の中の一部分にあたり、親族同士が敵味方に入り交じった戦場を目にし、戦意を喪失してしまった戦士・アルジュナに、荒《すさ》んだ時代を救うために人間として生まれてきたクリシュナ神が、戦うよう鼓舞するところから始まります。

戦士であるアルジュナは弓の名手であり、生まれながらにして戦うことが宿命づけられています。でも、戦うという職務を全うしようとすると、「どうして兄や、弓を教えてくれた師に向かって矢を放てるのか。こんなことはバカげている」という思いが浮かび、弓を放り投げ、戦場で嘆き悲しみます。

そんなアルジュナに、クリシュナ神は「不可避なことからは逃れることはできない。お前の使命とは何か」と問いただし、「戦いに専心せよ」と勧奨するのです。

感情にとらわれず自身のやるべきこと、使命を全うしなさい、ということです。

現代に生きる私たちも、実はアルジュナと同じ悩みを抱えています。

私が父に抱いていた「私は悪くない」という葛藤《かっとう》、トイレ掃除をしない家族への「なんで自分ばかりが損をするのか」というイライラ、同僚や部下への「私ならこうするのに、なんて非常識なんだ」という怒り……。

私たちは、自由な世界に生きているようでいて、実は、自分のやるべきことをやろうとしても、苦しみやイライラ、怒り、結果への執着などにとらわれ、ちっとも心は自由ではありません。

こうした執着を捨てる、手放すことができる唯一の方法が、変えられること、変えられないことを区別することなのです。

✦ 変えられる部分に集中すると、未来が変わる！

「なぜ、悪くない自分のほうが変わらなければいけないのか」という執着を捨て、自分が変えられる部分に集中する。

すると不思議なことに、そのときは評価されなくても、のちにそのときの経験が役に立つ場面が出てくることが多々あります。

手帳講座に来てくれた方の中に、現在は手帳カバー作家として大活躍している女性がいます。

彼女は2人のお子さんを育てている専業主婦で、「30代半ばで子どもをもつ身だったら、家族のために生きるのが当たり前」と考えていました。

だから、いつも自分は後回し。子どもの習い事に出すお金はあっても、自分のためにお金を使うことはほとんどありませんでした。それに対してご主人はフットワークが軽く、休日も自分の好きなことを楽しむ自由人でした。

そんなご主人を見て、彼女は「いつか離婚してやる」と心の中で密かに恨みを募らせていたといいます。ご主人が家族のためだけに生きておらず、自分の思う「理想の夫」になってくれないことにイライラしていたのです。

私はまず彼女に「普段頑張ってるんだから5000円のランチを食べに行ってもいいんだよ！」とアドバイスしました。彼女は「5000円⁉ あり得ない……」と衝撃を受けていました。それくらい、**自分を後回しにして我慢に我慢を重ねていたのです。**

しかしワクワクリストで彼女は変わりました。自分がワクワクすること、やりたいことを書き出していくうちに、「ああ、夫は自分のやりたいことに正直に生きているだけなんだ」「我慢して自分を満たせていなかったから、他人に攻撃的になっていたんだ」と気づいたといいます。

そこから「自分が変えられること」に集中した彼女の変化は、じつにスピーディーでした。

夫を自分の思い通りに変えることはできませんが、「自分のために時間もお金も使っていい」と自分に許可を出すことは自分でできることですよね。

もともと洋裁が好きだった彼女。そこから洋裁学校で洋裁の基礎を一から学び直し、花柄が可愛いリバティ生地でＣＩＴＴＡ手帳のカバーを作り始めたのです。

こうして彼女は、気がつけばいつも売り切れ必至の売れっ子手帳カバー作家になりました。ご主人に対してもかつてのイライラが嘘のように消え、お互いにやりたいことを尊重し、応援し合えるいい関係になれたといいます。

自分が変えられる部分こそ、努力が実るところです。今日1日を変えられる部分に集中して過ごす。それが、未来を変え、未来を大切に生きることにつながっているのです。

✦ 悩みの原因をきちんと「見る」

では、どうしたら変えられること、変えられないことが区別できるようになるのでしょうか。

それは、悩みの原因をきちんと「見る」ことです。

今の悩みの原因は自分にあると認め、自分にできることを考えていくのです。

実は手帳カバー作家の彼女は、手帳カバーを作り始める以前は、ポーチなどの小物を作ってぽつぽつと販売し始めていましたが、売上はいまひとつでした。

そんなとき、弟さんから「そんなの、誰が買うの?」「ありきたり」とグサリとくるひと言が……。一体自分は何を作るべきかわからなくなってしまったと言います。

以前の彼女なら、「こんなに頑張ってるのに、なんでそんなこと言うの!?」と弟さんのせいにしたり、「やっぱり私には無理だったのだ」とあきらめていたりしたかもしれません。

でも、そこで彼女は冷静に考えました。

確かに、ポーチを作っている人はたくさんいるし、自分より上手な人もたくさんいる。差別化するのは難しい。何を作れば、自分もワクワクし、他の人にも喜んで買ってもらえるだろうか。

そこから、自分の人生を変えるきっかけになったCITTA手帳のカバーを作ったらどうだろうと思いついたと言います。

ここで彼女が、「わかってくれる人がいない」と弟さんやお客さんのせいにしたり、「私なんて」と腐っていたりしたら、手帳カバーは誕生しなかったことになります。

悩みの原因をしっかりと見つめ、自分にできることに集中したことで、問題が解決したばかりか、自分の想像以上の未来を手に入れることができたのです。

✦「私は正しい」を手放すとラクになる

心を安定させるには、感情と会話しないことです。

感情と対話するというのは、「正しい、正しくない」「好き、嫌い」「自分より優れている、劣っている」とジャッジしてしまう心の動きのことです。

寒ければ自然に鳥肌が立つように、私たちは外から刺激を受けると、反射的に心が反応して「なんてひどいこと言うんだろう」「うわー常識ないな、この人」「なんでこの人が評価されるんだろう」「こういう人、嫌い」などとジャッジし始め、それが苦しみや怒りとなってしまいます。

こんなふうに、感情があちこちへピョンピョン秒速で動いているのが「感情と会話している」状態。私たちの心を揺さぶり、悩みを見つめる目を曇らせてしまうのです。

波立った心をリセットし、フラットな状態に戻すためには、物事をついジャッジしてしまう自分に「あ、今うっかりジャッジしてしまった」と気づき、やめることです。

ジャッジしてしまう心理の根底にあるのは、「自分は正しい」という気持ちです。**でも、あなたが「正しい」と思うことが、他人にとって「正しい」とは限りません。**

たとえば、あなたは「仕事ができる人が評価され、高い給料をもらうべき」と思っているとします。でも、会社の同僚は「評価は上の人に気に入られるかどうかが勝負。仕事ができても、上に気に入られなければ意味がない」と考えているかもしれません。

こういう相手に、「仕事をしないで、上におべんちゃらばかり言って評価されるなんてずるい」と感情と対話してイライラするのは、エネルギーの無駄遣いです。

あなたの大切なエネルギーをこんな人に使ってはもったいないです。**ただ価値観が違うだけ。**そう考えて「この人はそういう人」と受け入れ、淡々と自分にできることに集中していきましょう。これもカルマヨーガ（行いのヨガ）の実践になります。

停滞していた人生が動き出すとき

✦「でも・だって・どうせ」をやめてみる

感情と会話しないコツをつかむと、「これがしたい」↓「じゃあ、そのために何をしようか」とダイレクトに考えられるようになります。

「でも、ダメだったらどうしよう」「失敗したら恥ずかしい」なんてグダグダ考える時間がなくなるので、たとえ失敗してもグイグイ前に進むことができ、願いが叶う速度が上がります。

上手くいくコツは自分の辞書から「でも・だって・どうせ」をなくすことです。すると、言い訳をしなくなります。

たとえば私は10年前、「半年後に2週間インドに行く！」と決めて手帳に書いたことがありました。

ただ、自分のクラスをもっていれば、そこに穴をあけるわけにはいきません。代わりを探すにしても、私と同じくらいのキャリアのインストラクターは自分のレッスンでパンパンで、身体が空いていないのです。つまり頼める人がいないということ。

「そうか、行くのをあきらめよう……」となりそうですよね。それを私は「だったら、自分で育てればいい」と考えたのです。それでインストラクターの養成講座を開講し、3カ月間みっちり教えて、自分が2週間留守にできる体制を作りました。

悩みをややこしくしているのは、実は自分自身です。感情抜きで考えると、答えはすぐ見つかります。

もう一つ、感情と会話しなかったことで、長年とらわれていた思いから解放され、ビジネスが上手く回り出したケースを紹介します。

オーガニックの素材を使った米粉のアイシングクッキーの人気講師だった彼女。いつも満席になる講座に喜びを感じながらも、とにかく忙しくて、散らかったリビングで洗濯物をたたみながら寝落ちしてしまう毎日を変えたい、もっと子供との時間を過ごしたいと、朝活に参加してくれました。

稼働を減らして収入を上げるなら、クッキーを販売する、講座の受講料を上げるなどの選択肢が、頭をよぎることもあったそうです。実際「販売はしないんですか？」という声も多く寄せられていました。

でも、「毎月コンスタントに同じ日に納品するなんて、気まぐれな私には無理。何を作るかもそのときの気分で決めたい」「講座の受講料を上げるほどの実力は自分にはない」「趣味で始めたことだから、儲けなくてもいい」と悶々《もんもん》と考え、忙しい毎日に疲れを感じながらも、現状維持を続けていました。

それが朝活に参加するようになって、思考までポジティブになって夜型から朝型の生活にガラリと変わり、今は4時起きでウォーキングをしているという変身ぶり。そして、サブスク形式でクッキーの販売を始め、４９５０円という百貨店並みの価格にもかかわらず、毎回完売する人気を博しています。

もちろん講座の受講料も上げ、稼働は減ったのに収入はアップし、お子さんと過ごす時間も増えました。

彼女を大きく変えたのは、朝活の仲間たちでした。みんなが毎回褒めてくれることで、彼女は「今の自分でいいんだ」と自己肯定感が上がり、大きな自信になったと言います。

自信をくれる仲間と出会い、感情と対話しなくなった彼女は「考えてみたら、定期便にするにしても、毎月同じ日に決まった商品を納品しなくたっていい」と気がつき、「毎月1回のお届けで、いつ何が届くかお楽しみ」というシステムをとることを決めました。

販売するとなると、衛生基準などのレベルも上がるため、菓子製造販売業に必要な基準を満たしたキッチンを借り、そこに置く業務用オーブンも自分で購入するなど、しっかり投資も行いました。

彼女いわく「以前は、趣味の延長線上というのを言い訳に、ちゃんと仕事として考えられていなかった」とのこと。

朝活では、全員でワクワクしながら、自分の心の声を聞いていきます。**「否定しない」というルールを設けているので、安心して「これがやりたい」「これが面白そう」と言い合えるのです。**

私たちは、否定されるのが怖くて、なかなか本当の願いに気づくことができないし、本当の願いが顔をのぞかせても「本当に自分にできると思ってる?」と感情がぴしゃりと願いを封じてしまいます。特にビジネスというとハードルが高く感じ、「無理でしょ!」とすぐに可能性をつぶしてしまいます。

普段から、**自分を否定する人とは距離をおきましょう。**「それいいね!」「面白そう!」とあなたを否定せず、一緒にワクワクできる仲間がいれば最強です。

✦日々のルーティンで余計な思考をリセットする

「私は正しい」を手放す以外に、感情と会話をしないためのコツがもう一つあります。

それは、毎日自分が決めた同じ行動を繰り返すこと。ちょっとしたルーティンワークを決めることです。決めたことを習慣化し、ヨガの聖典を学ぶ学生のことをインドではブラフマチャリアと言うと説明しましたが、自分が決めたことをやるのはメンタルを整えるのに非常に役に立ちます。

今やグーグル社が社員に瞑想を取り入れたおかげで瞑想も主流になってきました。

毎日20分の瞑想を続けると人生が変わると言われていますが、最初は5分でもかまいません。簡単に瞑想の効果をあげると、

- **平常心が保てる**
- **直感がさえる**
- **頭がクリアになる**
- **いいアイディアが浮かぶ**
- **よく眠れる**
- **ストレスを受け流せる**

などがあります。座るだけですからやらない手はありません。

もちろんヨガや瞑想以外でもOK。Chapter2で紹介した「1日の始まりの

30分を自分のために使う」ことも効果的です。

なにもヨガマットの上で1時間ポーズを練習することだけが、ヨガではありません。

24時間中の残りの23時間、日々の生活の中でどれだけヨガの考え方を取り入れて生活できるか。マットの外のヨガがどれだけできているか。それが重要なのです。

日々のルーティンで得た、穏やかでフラットな心の状態をそのときだけでなく、日常へと広げていきましょう。

✦行いをヨガにすることが幸せになる理由

一方で、自分にできることに集中して努力を重ねても、すぐ結果が出る人、出ない人がいるのも事実です。要領がいい人、ずるい人ばかりがトクをして、真面目に頑張っているはずの自分はまったく報われない……なんてこともありますよね。

この疑問に答えてくれるのが、ヨガ哲学のベースとなっている「カルマ」の考え方です。

カルマは、先ほどお話しした「悩みの原因は自分にある」という考え方のもとにもなっており、ヨガの聖典では「カルマは行為。原因となり結果を生む」と説明されます。直訳すると「行為」「業」という意味で、自分が手にする結果は、自分自身の行為（業）によるものであると解釈されます。

わかりやすく言えば、私たちは誰もが背中にカルマのリュックを背負って生まれてくるということです。

人生に苦難が多いと感じる人ほど、多くのカルマを背負っています。

カルマの数は、前世にどう生きてきたかで決まります。前世で人を傷つけたり、嘘をついたり、欲深かったりすればするほどカルマは増え、リュックはずしんと重みを増します。

家族や恋人、友だち、職場の人たちとの人間関係、どんな職業に就くか、貧乏か裕福かなど自分の置かれた環境、病気に見舞われるかどうかなど、これらすべてがカルマの仕業なのです。自分の趣味、思考、なぜかこれがすごく好き、もしくはとても嫌い、苦手、という感覚も、カルマで言うと前世のサンスカーラ（潜在意識に残った印象・行）を現世で引き継いでいるからです。

たとえば、職場ですごく嫌な先輩がいたから転職したのに、新しい職場でも同じような人に出会う。付き合っている彼氏のダメな部分が許せなくて別れたのに、また同じようなタイプの人を好きになってしまう。……こういうことって、ありますよね。これがカルマの仕業です。

残念ながら、過去のカルマは変えられず、逃れることはできません。でも今の行いを変えて、来世へと持ち越されるカルマを変えることはできます。

ただ善《よ》い行いをして、カルマを積まず消化していけばいいのです。消化できなかったカルマは来世に持ち越されますよ。**来世の人生も苦しむなんてまっぴらごめんだと思った人は、今日から行いを変えましょう。**

カルマを消化するには不平不満を言わず、執着を捨て、ヨガ的な生き方をするのみです。

✦ 結果への執着を捨て、できることを淡々と続けていくと人生が動き出す

でも、「人生は不公平だ……」と落ち込む必要はありません。

ヨガの聖典に出てくるこんな小話があります。カルマを理解するうえで役立つ内容なので、少し長くなりますがお付き合いください。


ナーラダと呼ばれる大仙人が、あまりにも長い間瞑想していて全身がびっしり蟻塚《ありづか》で覆われたヨギーに出会い、こう頼まれました。

「私があと何回生まれ変わって瞑想を続けなければいけないか、神から聞き出してもらえないだろうか」

ヨギーの頼みを了承したナーラダが先へ進むと、今度は楽しそうに飛んだり跳ねたりしながら歌っている男に出会いました。ナーラダは彼からも、いつ解脱《げだつ》を得られるのか神に聞いてきてほしいと頼まれました。

それから何年か過ぎ、ナーラダは再びあのヨギーと出会いました。ナーラダが、「お前はあと4回の生まれ変わりが必要だ」という神の声を伝えたところ、ヨギーは「こんなに待ったのにまだ足りないのですか？」と泣きじゃくり始めました。

ナーラダがもう一人の男のところへ行くと、彼はまだ踊ったり歌ったりしています。彼にこう伝えました。

「そこにある木の葉の数を数えなさい。神はあの木の葉と同じ数だけ生まれ変わらねばならないと言っておられた」

それを聞いた男は「それだけでいいんですか!? どこで終わるかわかったぞ。それならすぐにやってしまえる」と喜びました。

すると、天から美しい駕籠《かご》が降りてきて、御者《ぎょしゃ》が現れ、その男は天界へ上ることを許されたというのです。

「私はまだまだ生まれ変わらねばならないと言われたのに」といぶかしむ男に、駕籠の御者は「その通りです。しかしあなたは、もうとっくにそのつもりになり、喜んでそれをしようとしておられました。だからもう待つ必要はありません」と言います。

男はもう一人のヨギーについて聞きました。

「あの人はどうなるんですか?」

すると御者は「彼はたった4回の生まれ変わりに対してさえ、心の準備ができていません」と答えたのでした。

この小話から学べることは、努力の果実をいつ受け取れるのか、よくない行いをした人にいつ天罰が下るのか、それは誰にもわからない。だからこそ、自分の心持ちがどうあるかが重要なんだよということです。

この歌い踊っていた男のように、**見返りを求めず、楽しみながら夢中で自分がやるべきことに集中し続けていると、神さまが応援してくれます。**

それによってカルマが消化されてゼロになると、もう生まれ変わることはありません。ちょっと寂しい気もしますが、私たちは前世でのカルマや、やり遂げられなかったことを課題として生まれ変わるので、課題がなくなったらもう生まれ変わる必要がないのです。

カルマを減らすには、「嘘をつかない」「自分を愛する」を実践すること。そして、前世にやり遂げられなかった、今世の自分の課題＝使命に取り組むことです。

「自分の使命なんてどう見つけるの⁉」と思うかもしれませんが、Ｃｈａｐｔｅｒ２で書いたワクワクリストの中に、ヒントがあるかもしれません。**誰に言われたわけで**

もないのに、つい夢中になってしまうこと。お金が儲かるわけでもないのに、ワクワクしてやりたくなること。それが、あなたの使命です。

ただ、「これをやったからすぐにいいことが起きるかも」と期待するのは、反対に「業」を生みます。くれぐれも注意してくださいね。見返りを期待していると、すぐ結果が出ないことに嫌気がさして、続けられなくなってしまいます。

淡々と自分にできることを続けながら、その結果には期待しない、執着しない。

すると、嘘のように追い風が吹き始め、これまで停滞していた人生が動き出していくのです。

心からの望みは叶うようにできている

✦「お金」ではなく「信用」を稼ぐ

手帳がヒットしたことで、周囲から嫉妬されていたことがあったようです。要するに「儲かっていいよね」ってことですね。いやいや、嫉妬されるなんて思いもよらなかったから驚きました。

でも私は、**お金を儲けようと思って手帳を作ったわけではありません。純粋なエネルギーで作ったからこそ広まったと思っています。**儲ける目的でやっていたら、とっくに心が折れていたでしょう。

自分の理想の手帳が欲しくて、それをいいと言ってくれた人がいた。ヨガ哲学の考え方を手帳で実践していくと、本当に願いが叶う。だから、ぜひみんなにそれを知ってもらってハッピーになってほしい。売れたのは結果でしかありません。

Chapter2で、1000冊刷って3割売れ残った手帳を、ブログを毎日書いてみなさんに知ってもらうことで完売にこぎつけたとお話ししましたが、あの話には続きがあります。調子に乗った私は、翌年、なんと1500部刷ることを決めました。かかる費用は数百万円を超えていましたが、届けたい価格で出そうと思うとこの冊数は必要でした。でも、自分の通帳を見ると、どう考えても100万円足りません。なんとか手はないか……と考えていたら、「そうだ！　予約販売にすればいいんだ」とアイディアが降ってきました。

すると、予約開始と同時に予約のメールがブワーッと殺到し、1週間も経たないうちに口座には100万円が集まっていました。今ならめずらしくありませんが、これは10年前の話。クラウドファンディングというものがない時代に、先駆けてクラファンをしていたということになります。

それがすぐ集まったのは、ブログの読者さんが本当に私を信頼してくれていたからです。信頼ってすごいです。

「よくわからないけど、手帳を作る経緯をいろいろぶっちゃけて毎日ブログを更新している人がいる。頑張ってるから応援したい」と信用してファンになってくれたのだと思います。

そもそもお金が目的なら、自腹を切ったり、睡眠時間を削って毎日ブログを書き続けたりしません。

よく**「お金を稼ぐな、信用を稼げ」**と言われるのは、こういうことなのかと実感できました。お金を追いかけると本当に自分の伝えたいこと、やりたいことに忠実でいることができなくなってしまいます。スポンサーが付く場合などはそうではないでしょうか。

夢中になって自分が一番楽しみながらやっている。そこに結果がついてくる。ヨガの世界でも、ビジネスでも、成功するのはそうした純粋な人です。

ニヤマの「サウチャ」という教えでも、同じことを言っています。サウチャは「心と身体を浄化すること」という意味。身体を清潔にする、散らかった部屋を片づけるといったことばかりでなく、**自分に嘘をつかずに心を浄化しておくこともサウチャを**

守ることになります。神社仏閣と同じで、いくら表面をきれいにしても、そこにピュアな魂が宿っていなければ意味がないのです。

純粋なエネルギーには、人を惹きつける力があります。

考えてみれば、手帳だけの話ではなく、ヨガスタジオを運営しているときからこの考えは同じでした。

前に、自ら主宰してワークショップを開いていた話をしましたが、外部講師を呼んでワークショップを開く際は、まず自分がその先生のクラスを東京に受けに行ってから、その内容に感動して「この人呼びたい！」「自分がレッスンを受けてみたい！　もっと話を聞いてみたい！」と思いついたらすぐ、直接ヨガ講師の方に声をかける流れでした。

都内のヨガイベントで何百人も集め、ヨガ雑誌の表紙を飾るような超絶有名講師の方々が、滋賀県の田舎にあるスタジオまでわざわざ来てくれていたのです。

ヨガ界では知らない人がいないであろうケン・ハラクマ先生やチャマ先生などにも、本当にお世話になりました。このときも、集客はブログだけですがワークショップは常に満席でした。

最初から「有名講師をエサにお金を儲けよう」というのではなく、「自分がレッスンを受けたいから声をかける」という姿勢でやってきたことがよかったのかもしれません。

こうやって信用を稼いできたおかげで、今は私が頼むと「じゃあ、千草さんのところに行くわ！」と二つ返事で引き受けてくれるようになりました。

お金がなくても、名前を知られていなくても、自分に嘘をつかず、純粋にやりたいことを楽しみながらやっていれば、お金はあとからついてきます。

きれいごとなんかではなく、それが真実です。

✦ とことん落ちたとき、判断に迷ったときは日常を離れ、自然に身を置く

手帳作りが軌道にのるまでは、さらにいろいろなことがありました。

製本した手帳を作り始めて2年目、1500部刷って足りない資金は予約販売で無事調達できたのもつかの間、どん底に突き落とされるような事件が起こります。

あんなに何度も校正したはずなのに、落丁が発覚したのです。Amazonのレビューに「こんな不良品を売りつけて最低！」というコメントがつき、このときばかりは病みました。手帳を作るのをやめようかと考えました。

しかもこの時期に、オーストラリアに移住した友だちのところへ2週間遊びに行く予定を入れており、チケットも既に購入済みでした。どう対応するか、すべての処理が一段落しているわけではなかったので、普通なら行ける状態ではありません。最後まで迷いましたが、事後処理をスタッフに託し、「えいやっ」と思い切って飛行機に乗りました。自分でもよく行けたと思います。

でも、そのオーストラリアの友人は、友だちであると同時に私のメンターでもありました。今までも何かあるとサクッとそのときの私に必要なことを言ってくれる存在だったのです。だからこそ、会いに行かなくては！　と考えました。

その友だちに日本から電話で事情を話したら、「たいていの悩みは海に入ったら消えるから！」と言われて「は!?　そんなバカな！」と思いましたが、結果的にそれが本当になりました。

彼女の家に着いた翌朝、起きてすぐMacBookを開いたら、「仕事しすぎ！」とパタンと閉じられてしまいました。

それでもこっそりメールを見ようとしたら、「この家に何しに来たの？　休みに来たんだよね。Wi-Fi切るよ」と怒られました。

自分では無自覚でしたが、彼女に指摘されて、完全にワーカーホリック状態に陥っていることに気がつきました。

彼女の生活は、朝日が昇るとともに起きてビーチを散歩し、帰ったら20分瞑想。波がよければサーフィンに行き、雨が降ったらすぐ切り替えて米粉クッキーやマフィンを作り始めます。まさにスローライフです。

あとはひたすらビーチに座って海を眺めたり、家の裏にある畑の野菜を採って夕飯作りをしたりして過ごしていました。私も、彼女と一緒にそんな毎日を送るうちに、いつしか体調がよくなり、頭もクリアになっていきました。

毎日ブログを書きながら寝落ちする生活が続いていた私は、左目からなぜか涙が出続けて止まらない、という不調に悩まされていましたから。

それがオーストラリアで自然の摂理に沿った生活を送るうちに、すっかり消えていました。

そんな中、**押し寄せては引いていく波を見ていたら、ふっと「もういいんじゃない？」という思いが降りてきました。**

当時、手帳を作りながら、駅から歩いて2分の立地で賃料も高めのヨガスタジオを回していました。

7人のインストラクターを雇っていましたが、なかなか集客ができず、私の生徒さんの月謝を皆に分配してなんとか経営が成り立っている状態でした。

家賃を払い、人件費を払うといつも赤字ぎりぎりの自転車操業でしたが、「みんなのために絶対クローズしてはいけない」と思っていました。

でも、海を眺めていたら、「そういえば5年経ったな。賃貸契約も5年だった。よし、閉めよう！」と決断できたのです。

こんなに必死に働いて、誰のためにスタジオをやっているんだろう。

スタッフのためと言うのはキレイごとじゃないか。

私は本当は何がしたいんだろう。

こう自問自答した私は、帰国した翌月にはスタッフ全員を解雇し、スタジオをクローズしました。手帳も1500部刷り直すことを決め、お詫《わ》びの文書を添えて再発送しました。

手帳作りをやめることも考えていましたが、ネガティブなコメントに感情を引っ張られるのではなく、応援してくれる人たちに誠実に向き合おうと思ったのです。費用は2倍かかることになってしまいましたが、私には必要なことでした。

波を見ながら決断が降ってきたときのことを思うと、これはまさにニヤマの「イシュワラプラニダーナ」の教えだな、と思い当たりました。

イシュワラは「神」、プラニダーナは「献身」を意味します。2つを合わせて「いつでも神さまを感じ、感謝すること」と解釈されるのが一般的ですが、他に「自然とともに生きる」という解釈もあります。

私たちは、海や山を前にすると、モヤモヤが洗い流されるようなすっきりした気持ちに自ずとなっていきます。正月に初日の出を拝むのも、日の出に神が宿ると無意識のうちに感じ取っているからです。

自然の中に身を置いて、日の出とともに起きて、日の入りとともに身体を休める。そんな自然の摂理に立ち返ると、自分にとって本当に大切なものが見えてきます。

とことん落ち込んでしまったとき、トラブルに巻き込まれてどう判断すればいいか迷うとき、仕事のしすぎで疲労困憊《こんぱい》してしまったときは、どうか自然の中に身を置いて生活を立て直してみてください。

どこかへ出かけるのが難しいときは、朝早く起きて太陽の光を浴びるだけでも、頭がシャキッとクリアになって自分に必要なものが見えてきます。

✦ 不運の中に幸運が見つかる、何があっても「おかげさま」

落丁事件でボロボロになっていた当時、実は思わぬ幸運もありました。

落丁事件が起きる3日前、完売目前だった手帳の増刷のため、「もっとクオリティを高めたい」と、紹介してもらった新しい制作会社さんと打ち合わせをしていたのです。それがまさかの手帳作り80年のダイゴー株式会社さま。手帳制作のプロです。

「手帳の角を丸くしたい」「紙質を変えたい」「接着剤で綴《と》じると開きが悪いから、製本も180度開く糸かがり綴じに変えたい」など、このとき私が改良してほしいことに全部対応してくださいました。

落丁が発覚したとき、泣きそうになりながら「なんとなりますか」と相談したら、「なんとかしましょう！」と二つ返事で対応を引き受けてくださり、1500部の刷り直しをクオリティの高い製本でできることになりました。しかも1000冊を超える返品交換の配送もダイゴーさんがしてくださったのです。

まさに拾う神あれば、捨てる神あり。もう足を向けて寝られません。このときほど神さまの存在を身近に感じたことはありません。

ヨガの聖典には「神にすべてを委ねることで、サマディは達成される」という一節が出てきます。

サマディは「三昧《さんまい》」と訳され、「映画三昧《ざんまい》」「旅三昧」などのように、この上ない幸せな状態のことを言います。だから、**何が起きても「おかげさま（御陰様）」**。目には見えないけれど、神さまは私たちの身近なところはもちろん、どこにでも存在していて、私たちに幸せを届けてくれます。

ミスをしたり、不運なことがあったりしても、そのなかには必ず「おかげさま」が隠れています。つらいとき、大変なときほど「おかげさま」を見つけ出す目をもちましょう。

私は手帳制作3年目で落丁を経験したからこそ、よかったんです。おかげで、本気でやるのか、やらないのかを自分に問うことができました。どんなにつらいことでも、必要なことしか人生には起こりません。

その中に、幸せな学びが必ず見つかります。

✦「休む」「手放す」それだけで理想が実現する

落丁の対応をしながら、私は駅から歩いて12〜13分の場所に、10帖ほどの小さなスタジオを新たに構えることにしました。

スタッフもいないので、運営をすべて自分でやらなければなりません。本当の裸一貫で出直すことになったのです。

でも、数十万円の賃料負担から解放されて「自分一人ならどうにかなる!」と気がラクになったことを覚えています。

結局、「駅前の好立地にスタジオを構えている自分」に執着し、それをギュッと握りしめ続けていただけだったのです。**私を苦しめていたのは、高い賃料でもスタッフ**

でもなく、自分自身の執着でした。

そこは生徒さんが6人入ったらいっぱいになってしまう小さいスタジオでしたが、次第に生徒さんが増え、インストラクターの養成講座を受けたいと申し出てくれた子がいて、講座を開催すると6人集まりました。その6人に教えたら、そのうち2人がここで働きたいと言い出しました。

インストラクターはヨガだけやっていればいいわけではなく、人間的な魅力がなければ生徒さんが集まりません。前回、人を雇って苦労した経験がある私は、「集客、頑張って！」と口うるさく言わなければいけないことを考えると、とても人を雇う気にはなれず、断り続けていました。

でも彼女たちはめげずに、半年経っても「ここで働きたい」と言い続けてくれました。ここまで強い意志をもってくれているのならと、スタッフとして雇うことにしました。彼女たちにはヨガ哲学をしっかりと教えたからか、とても自立した優秀なスタッフとなりました。私が「何もしてあげられないけれど、それでもいいなら」と言ったからかもしれませんが、いつも仕事を自分で見つけてこなしてくれていました。

当時、手帳作りや出版に時間を割きつつ、大好きなヨガも手放さずにやっていけたのは、私が何も言わなくても、自分で成長していける高い志のスタッフがいてくれたおかげです。

今も社員として私を支えてくれている彼女たちには、本当に感謝しています。

いったん手放す決断をして、私自身のエネルギーが高まったからこそ、意識の高いスタッフが集まってきてくれたのだと思います。

ただ、手放すという決断をすること自体、エネルギーがいることですよね。

だからこそ、休みを取ってわずらわしい日常と距離を置き、自分を満たしてください。するとふっと「こうしたらいいんじゃない？」と自分の理想とする状態を叶えるために必要なヒントが降ってきますよ。

「人事を尽くして天命を待つ」という言葉がありますが、まさにそれです。やるべきことを自分ができる限りしたならば、あとは天命に任せて事の成り行きを見守るだけです。これは、ニヤマの教えの一つ「イシュワラプラニダーナ」と同じです。自然の摂理に身を任せ、執着を手放して周囲に感謝していれば、自然と答えへと導かれます。

Chapter

3

まとめ

★

心のブレは、「執着」が引き起こす。執着とは、感情が波立って怒りや悩みに「とらわれ」ている心の状態をいう。

★

執着はプラーナ（生命エネルギー）の無駄遣い。「ヴァイラギア（執着しないこと）」「ブラフマチャリア（節度を守ること）」を心がける。

★

執着を手放すには、自分が変えられないこと、変えられることを区別すること。そして、変えられることに集中する。

★

区別するには、悩みの原因を「見る」こと、感情と対話しないことが大切。

★

執着を手放し、やるべきことをすれば、自然とよいほうへ導かれる。

★

結果がすぐ出る人、出ない人がいるのは前世からのカルマが関係しているから。見返りを求めず、自分にできることに邁進《まいしん》すれば、カルマを消化し、人生を好転させることができる。

Chapter

4

「苦しい人間関係」や「生きづらさ」から自由になるための処方箋

人間関係がつらいのは「他人の目」を気にするから

✦「思い込み」が人間関係のつらさを作り出している

私たちの悩みの9割は人間関係だと言われます。相手に嫌われてもいいと思えればいいのでしょうが、現実にはなかなかそうはいきません。

「あの人にどう思われているかな」「こんなことを言ったら、きっと嫌われるから言えない」「こっちを見て笑ってる。もしかして自分のことを笑っているのかも」と、他人の目を気にして思い通りに振る舞えない人が圧倒的に多いのではないでしょうか。

我が道を行くポジティブのかたまりのように思われている私ですが、実は小学生のときはいじめられっ子で、コンプレックスだらけ。他人の目を気にしてばかりいる子どもでした。

小学生時代の私はぽっちゃりしていて運動も苦手。色黒で男の子とよく間違えられていて、自分で自分をとても可愛いとは思えず、自分に自信がありませんでした。人と関わるのが怖くていつも下を向いていて、言いたいことも言えない子どもだったのです。

クラスの男子からは「ブス、デブ！」と言われ、毎日「やーい、やーい」と体操服の袋で叩かれながら登下校していました。

小学5年生になった頃、入学時から続くいじめに精神的に限界を感じるようになりました。

どうしたらいじめがなくなるだろうか。一生懸命考えるうちに、「あ、私が暗いからかもしれない」と自分にも原因を見つけたのです。

考えてみれば、当時の私は休み時間は学級文庫の本を教室の隅で読み続け、誰とも話そうとしていませんでした。周りと目が合うのが嫌で、前髪を目にかかるくらい長くしていました。

いかにも暗い雰囲気を自分が作り出していたのです。

まず私は前髪を自分で切りました。

そして朝、ガラッと扉を開けて教室に入り、最初に会った同級生に自分史上最も大きい声で「おはよう！」と笑顔であいさつしました。

同級生は急激な私のキャラ変に面食らっていましたが、「お、おはよう……」と返してくれました。

このとき、4年以上続いたいじめからようやく解放されたのです。

のちにヨガの聖典に、**「自分ではないものを自分だと見なしてしまうのが、無明《むみょう》（アヴィディアー）である」**という言葉を見つけて、

「私はいじめられてもしょうがない」

「ブスだから」

「デブだから」

「可愛くないから」

と思い込んでいた小学生時代の自分を思い出しました。


「無明」とは、文字通り明かりがなく、暗い状態のことを指し、無知であることもこの意味に含まれます。

「いじめられてもしょうがない」という感情や、「ブスだから、話しかけたら嫌われる」「きっとみんなは私を嫌っているにちがいない」という妄想を自分自身だと思い込み、真実が見えていないという意味です。本当の自分を知らない状態です。


この世に起こる人間関係のもつれのほとんどは、自分自身の思い込みが引き金になっています。


「話しかけても無視されるかもしれない」「好かれる自信がない」という不安は、実は承認欲求の裏返しです。

認められたい、好かれたい。

そう思うからこそ、「自分は相手にどう見られているのか」を妄想して不安に駆られます。

この妄想が繰り返し頭の中に現れると、それが「思い込み」になってしまうのです。

✦「他人の目が気になる」の「他人」は誰か？

手帳講座に来てくれた多くの方の話を聞いていて思うのは、「他人の日が気になる」というときの「他人」は多くの場合、「現実に目の前にいる誰か」というよりは、「自分の親」だったり、「過去に自分を裏切った恋人」「自分を傷つけた人」だったりすることが多いように感じます。**大丈夫、その他人はあなたが作り出した思い込みです。**

私自身も、3人きょうだいの真ん中で、長男として可愛がられていた兄と、末っ子として愛されていた妹に挟まれ、「どうせ私なんて……」「私は愛されていない」とちょっとスネた考えをもっていました。いつも兄妹と比べられて育ったこともあり、自分を出すこと、自分を好きでいることができませんでした。

けれど、いじめられ、陰に隠れている自分に嫌気がさして、「変わりたい！」と思ったのをきっかけに一歩を踏み出したことで、人生が大きく動き出したのです。

いろんなことに挑戦して、成功や失敗を繰り返す中で、「私なんて」と自己否定ばかりしていた私が、やりたいことを「やりたい！」と少しずつ口に出して言えるようになったのです。

ミュージカルにハマったり、ダンスやピアノ、声楽を習ったり、劇団に入ったりする私に、両親は「また急にそんなこと言い出して！」と言いながらも、結局は好きなようにさせてくれました。

「愛されていない」なんていうのは、本当にただの思い込みだったのです。

仮に親からの愛を実感できずに育っても、出会う人すべてがあなたを愛してくれないなんてことは絶対にありません。恋人に浮気されたからといって、男性すべてが浮気願望をもっていると決めつけるのは妄想でしかありません。

「ああ、自分は過去の悲しみや怒りに引きずられているんだな」と自覚して、ワクワクすること、やりたいことに集中して自分を満たしていく。

過去ではなく、今を生きる。

それを続けていけば、他人の目を気にしなくなった自分に、ふと気づくときがやってきます。

✦「しっかり者の長女」をやめたら生きづらさが消えた！

手帳講座に来てくれた30代の看護師の女性も、無意識のうちに「親の目」を気にしていた一人です。

夜勤明けにまた別の病院で働くハードすぎる毎日を送っていたのですが、理由を聞くと「弟の借金を返さなくちゃいけないから」「私が長女だから面倒みなくちゃいけないので」と言うのです。

さらに、彼女は「結婚したい」と思いながらも、付き合っている彼には結婚話を切り出せずにいました。

すべてが他人軸で回っている生活。ダブルワークで体力は消耗し、家族や恋人との人間関係で疲れ切っているにもかかわらず、長女で責任感の強い彼女はそれが「当たり前」と思い込んでいたのです。

親から「お姉ちゃんなんだから」と言われて育ったことで、大人になっても親の目を意識して、自分を後回しにして弟さんや彼を優先することが普通になっていました。そうしないと自分には価値がない、愛されないと思い込んでいたのです。

家族の借金を返す必要などないのに、なぜ自分が返さなければいけないと思い込んでいるのか。そう自問自答した彼女は、自分の思い込みに気づき、自分軸で人生を立て直そうと決めました。

「結婚したい」「夜勤のない職場に転職したい」と多くのワクワクを書き出していった彼女ですが、「優先順位№1はどれ?」と聞くと、「結婚」とのことでした。

自分のワクワクする未来を予約する手帳の使い方を講座で学び、「1年後には結婚する」と結婚にコミットすると決め、『ゼクシィ』を買ってもらいました。すると、なんとその3日後に今のご主人と出会い、1年後に結婚したというのです。

しかも、「結婚を機に、夜勤のない仕事に転職できました!」とのこと。

このあとも、彼女は「子どもが欲しい」「家が欲しい」と手帳に書いて、実践していくことで、次々と夢を叶えていきました。

今は素敵な一戸建てを手に入れ、子育てをしながら専業主婦をしています。

✦「ワクワク」を掘り下げていくと自分の使命が見えてくる

手帳を書くうちに、次のようなことに気がついたと彼女は言います。

・仕事を詰め込み、ストレス解消に買い物や海外旅行に行っていたが、今思えば「本当は結婚したいのにできない」という不安を紛らわせていただけだった。
・付き合う男性に自分を出せなかったが、夫には「建築が好きだから、友だちと建築巡りに行ってもいいか」と自分の要求を素直に口に出せるようになった。
・あれだけ働いていた私が、専業主婦になって余白のある生活を楽しめている。
・自分の身体や家族を大切にするという「軸」ができた。
・一番欲しかったのはキャリアでもお金でもなく「家族」だった。
・未来ばかり見ることなく、「今この瞬間を生きる」ことができるようになった。

ワクワクリストでスワディヤーヤ（自分を知ること）を実践すると、自分の使命を知ることができます。

彼女は「長女だから」という思い込みが、しっかりした職業に就かなくては、仕事を頑張らねば、と職業選択や働き方にも影響していたのかもしれません。

でも、心の中で本当に彼女が求めていたのは「家族」でした。家族を愛することが「使命」だったのです。

あなたがワクワクすること、やりたいことは、本当にあなた自身が望んでいることでしょうか。

「親」や「世間」が望むダミーの願いを叶えようとしていないでしょうか。

「仕方ない」と自分が背負い込んでいるものは、本当にあなたが背負うべき荷物でしょうか。

その我慢や、自分を後回しにするクセが、人間関係が上手くいかない、人生が思い通りにならない原因になっていないでしょうか。

少し立ち止まって「どうして自分は我慢しているのか」「なぜ言いたいことが言え

ないのか」と自分に聞いてみてください。

✦他人と比べない。比べていいのは過去の自分だけ

「転職に成功した」「高収入の相手と結婚した」「カッコいい旦那さまと結婚した」「家を買った」「子どもが生まれた」という友だちのSNSを目にすると、つい自分の境遇と比べて一喜一憂したことがある人も少なくないはずです。

「いいな」とうらやましく思ったり、逆に「自分のほうがいい会社に勤めている」と勝ち誇った気分になったりしたこともあるかもしれません。

自分自身を「これでいいんだ!」と全力で肯定できていないと、自分の価値を他のもので確認したくなってしまいます。だから、職業や会社名、肩書き、収入、見た目、評判、人気など、いろんな外からの情報に反応してしまうのです。

でも、じつのところこうした他人との比較も、妄想でしかありません。

ヨガでは「この世のほとんどがマヤ（幻想）である」と言われます。この世に本当のことや真実というのは、そうないのです。幻想に振り回されてやる気が出ないなんて、それこそプラーナの無駄遣いです。

特にSNSは人の生活の一部分を都合よく切り取っているだけです。

他人と比べるより、昨日の自分より1ミリでも成長していればいい。**比べていいのは過去の自分だけです。**

人生は心のもち方ひとつで決まる

人と比べて苦しくなったら自分の小さな幸せに目を向ける

自分に集中すべきとわかっていても、どうしても「ああ、また同期が褒められている。それに比べて自分は……」「あのママは、仕事も家事も見た目も完璧で子どもも優秀。それに比べて私は仕事もしてないのに、家事も美容も手抜きばっかり」と、他人と自分を比べて胸が苦しくなることってありますよね。

そんなふうに**自己否定の気持ちが強くなったときは、寝る前に「今日自分ができたこと、幸せなこと」を、3つ書き出すことを1週間続けてみてください。**

「自分で決めた時間に一発で起きられた」

「電車が遅延せず、30分前に会社に着いた」
「いつも売り切れていることが多い人気のクロワッサンを買うことができた」
など自己満足の小さな幸せでいいのです。

小さくても、自分の満足、自分の幸せに目を向けていく。ニヤマの「サントーシャ（足るを知ること＝知足）」の教えです。

ちゃんと自分はできることがある、幸せを手にしている。

そんな実感が、自分を「これでいいんだ！」「家事も美容も自分が本当にやりたければやればいいし、必要ないと思えばやらなくていい」と肯定していくエネルギーになってくれます。

✦ すべては心のあり方次第

サントーシャの考え方は、人間関係を整えることにも役立ちます。

力を入れていたプロジェクトが思うようにいかず、上司から詰められたり、よかれと思って口にしたひと言が相手を怒らせてしまったり。

そんなときは「頑張ってるのに、なんで上手くいかないんだろう」「こんなはずじゃなかった」と焦り、イライラしてしまいますよね。

こうした焦りやイライラを溜め込むことで、「相手の言うことを素直に聞けなくなる」「恨みの気持ちから仕返ししたくなる」「関係ない人に当たってしまう」など、人間関係のトラブルを抱え込みやすくなってしまうのです。

そんなとき思い出してほしいのが、インドの僧侶で、アメリカにヨガを広めたスワミ・サッチダーナンダというヨギーのエピソードです。

彼は刑務所へ慰問に訪れるたび、受刑者たちにこんな話をしていたそうです。

君たちは閉じ込められていると思い、いつになったらこの窓の外へ出られるのだろうと思っている。でも、看守たちも君たちと同じ壁の中だ。

君たちはここを「牢獄《ろうごく》」だと思い、彼らはここを「働いて糧を得る場」だと思っている。

心のあり方が違うわけだ。

つまり、刑務所をとらわれの場所だと思わずに、自分を作り直し浄化する更生の場だと思えば、喜んでここにいたいと思うようになるだろうというのです。

実際に、刑期が終わっても「まだきれいになっていないから、ここにいさせてください」と言い、刑務所を出たあともヨガ的な生活を送る受刑者も少なくなかったといいます。

すべては心のあり方次第。自分の考え方、とらえ方次第で、よくも悪くもなるというわけです。

職場や家庭、友だちとの人間関係に閉塞感を覚えたとしても、それを天国にするのも地獄にするのも、すべては自分次第です。

上司から詰められたときは、「それだけ期待されているからだよね」、余計なひと言で相手を不快にさせたときは「今度から気をつけよう。でも、そんなときもあるよね」と、ネガティブな出来事にも価値を見出し、心を天国に置きましょう。

✦「ダメです」「無理です」「帰ります」は魔法の言葉

面倒な仕事もつい引き受けてしまったり、本当は疲れているのに嫌な顔ひとつせず友だちの愚痴を延々と聞いてあげたり……。

表面上は笑顔だけれど、心は疲れ切って悲鳴をあげている。そんな「いい人」をやめたいと思っても、「今までやっていたのに断ったらどう思われてしまうだろう」と悶々と悩んで結局いつものように「いい人」を続けてしまっている、という人は多いのではないでしょうか。

「いい人」が疲れてしまうのは、自分と他人の間にきちんと線引きができていないから。「自分も幸せ、あなたも幸せ」な関係を築くには、自分の大切な領域――心や身体、健康、人生、生活などに他人を立ち入らせてはいけません。

ヨガスタジオをやっていると、いろんな生徒さんがいらっしゃいます。不眠症やうつ、不安症などに悩まされている方は、責任ある仕事をされている場合が多く、みなさん口々に「帰るなんてとても言える状況じゃない」「調子が悪くても仕事はしなきゃいけない」「土日も仕事が追いかけてきて気が休まらない」と言います。

他人や仕事が自分の領域に侵入してくることを許してしまっているのです。

「転職したら、今度はちゃんと言いたいことを言う」とおっしゃる方が多いのですが、転職しても長年の習慣がすぐ変えられるとは思えません。

変わるなら「今、このとき」です。

「本当は帰りたい（けど、言うといろいろ言われそうだからやめておこう）」と先延ばしにしていると、心の片隅に「帰りたい〜、帰りたい〜」という思いがくすぶり続けます。最初は小さかった思いはどんどん重さを増し、気づいたらとても行動になんて移せないほど巨大化してしまうのです。

そんなときは「ダメです」「無理です」「帰ります」と言っていいのです。この3つの魔法の言葉を使いこなして、他人と自分の間にきっちり線を引きましょう。

もちろん、本当に自分に無理のない状態のときなら、残業しても仕事を引き受けてもOKです。

でも、いろんなことを我慢して、あきらめて、無理しているのであれば、きっちり線引きをしましょう。

まず帰る時間を決めて、18時なら18時と手帳に書く。角が立つなら上手い言い方をすればいいだけです。

「息子の誕生日なので今日だけはダメなんです」
「このプロジェクトが終わるまでは、どうしても手が空かないので無理なんです」
「今日は、先約があってどうしても外せない用事があるので、18時に帰ります」
と堂々と宣言してしまいましょう。こう口にすると、「どうしても外せない用事なんかないのに」と罪悪感を抱くかもしれません。いやいや、後ろめたさを感じる必要なんてありません。**あなたには「自分の時間を守る」という大事な用事があるのです。**「ダメです」「無理です」「帰ります」は、自分を守る大切な魔法の言葉だと認識しましょう。

私たちは、空気を読みすぎるところがあります。空気を読めていないのではなく、読めているけれど、読めないフリをする。そんなときがあってもいいのではないでしょうか。

「怒り」「しがらみ」「許せない人」から自由になる方法

✦人間関係のしがらみの断ち切り方

頼みごとをされても断れない。行きたくないお誘いにも嫌々付き合ってしまう。
そんなふうに、断れない人間関係のしがらみで悩んでいる人は多いものです。

ヤマには「アパリグラハ」という教えがあります。
「貪《むさぼ》らないこと」という意味で、ものは必要なぶんだけ手にし、必要なぶん以上を受け取らないことだと解釈されています。

たとえば、ホテルのバイキングで、もとを取ろうとお皿に盛りすぎてしまい、結局残してしまう……といった行為がそれにあたります。あなたが取りすぎたことで、次の人のぶんがなくなってしまうことがあるのです。自分が食べられるぶんだけ取っていただくことが大事です。

これだけ聞くと当たり前のことのようですが、アパリグラハにはもっともっと深い意味があります。

実は**「アパリグラハを12年間守ると、過去世と来世の意味がわかる」と言われています。**

生活していると、いつの間にかいろんなしがらみに絡め取られていることに気づかされることがありますよね。

こうしたしがらみは、出張や旅行のおみやげを受け取る、食事をおごってもらう、無料で招待してもらうといった「自分が欲しいわけではないものを、無料で受け取ったこと」が出発点になっています。

もらってしまうと、相手からの頼みを断りにくいですよね。そうした過去世からのしがらみがカルマとなって、現世や来世に影響を及ぼしていきます。

ただ、少しでも心の自由が損なわれたり、中立心を保つのが難しそうだと感じたら、

「本当に必要なもの以外は受け取らない」という自分との約束を守り、カルマを減らしていきましょう。

女優の樹木希林さんは、プレゼントや贈り物を絶対に受け取らず、逆に自分が一度手にしたものは最後まで使い切っていたことで知られています。

ロケ先でいろいろなものをもらっても「お気持ちだけ」と断り、送られてきたものは「いらない」と書いて送り返していたそうです。「断るのはエネルギーがいることだけれど、ものに対する執着を断つと同時に、ものをどう活かすかということを考えたらこうなった」と希林さんは言います。

ここまではっきり断るのは難しいにしても、欲しい、行きたいと思わなければ、

「甘いものが苦手なので」

「お誘いありがとうございます。ただ今週はどうしても時間がとれなくて」

「人の誕生日がなかなか覚えられなくて（笑）」

など、自分が苦しくならず相手も不快にしない「上手な断り方」を覚えておくといいですね。

✦ 沈黙を使いこなす

ヨガでは、「あの人、上司に媚《こ》びてバカみたい」などと人の悪口を言うことを「過去の感情にとらわれている」として、よしとしません。

ただ、自分では悪口を言わないにしても、「ね、そう思わない？」と同意を求められると、そう思っていなくてもつい「そ、そうかもね」と同意してしまうことがあると思います。そんなとき、使いこなしてほしいのが**「自分の言葉に迷いが生じたときは、沈黙すること」**というヨガの教えです。沈黙を守ることも「サティヤ（嘘をつかない）」というヨガの教えなのです。

「この悪口に、同意しちゃっていいの？」と迷ったら、「……それで、この前ね」などと話題を変えるなどして、華麗にスルーすればいいのです。これだと自分に嘘をついていることにはなりません。

私たちは、いつも相手の言動に「反応しなければ」と思いすぎています。だから苦しくなるのです。

私は師匠に「**〝リアクション〟するのではなく、『自分はどうしたいか』と考えて〝アクション〟しなさい**」と言われていました。

悪口にそのままリアクションしようとするのではなく、悪口を言いたくなければ「沈黙する」というアクションを自分で選ぶ。そうすると、人間関係のストレスがグッと減っていきます。

✦ 怒りの手放し方

インドに伝わる説法の一つにこんな話があります。

禁欲を守り僧院で修行に励んでいる師匠と弟子たちが、旅の途中で川のほとりにたどり着きました。そこに「向こう岸に渡りたいけれど渡れない」と困っている女性がいました。

師匠は、サッと彼女をかついで向こう岸に渡っていきました。

弟子たちは「師匠が女性に触った」「禁欲のルールを破った」と動揺します。

弟子たちは師匠に怒りや不満を抱きながらもそれを口に出せず、旅を続けます。弟子たちの様子がおかしいことに気づいた師匠が理由を尋ねると、「3日前に女性に触ったじゃないですか！」と弟子たちは訴えました。

師匠の返事はこうでした。

「ああ、あのことですか。あなたたちは3日前に出会ったあの女性を、ずーっと肩にかついでいたんですね。私はとっくに下ろしたのに」

これは、師匠と弟子の行いの善し悪しを問うというよりは、「不満や怒りをずっと持ち続けていることへの戒め」だと私の師匠が教えてくれました。

怒りを持ち続けるということは、その怒りを感じた過去に生き続けていることになります。

ヨガでは、過去の怒りに引きずられ、心がブレることを「プラーナの無駄遣い」と考えます。怒りを感じるのは当然のこと。でも、怒りを手に負えなくなるまで自分の中で膨《ふく》らませてしまうと、自分の心がいつもずしんと重いままになってしまいます。

相手を許すと何となく損をした気になりますが、自分が軽くなるならサッと手放すに限ります。

✦「許せない人」がいるときにやるべきたった一つのこと

そうは言うものの、怒りを手放すことの難しさは私自身も体験しています。

田舎の長男と21歳で結婚をして、仕事をやめて家庭に入りました。彼の親と同居していたのですが、借金や浮気などが次々と発覚。給料日にはすぐ返済分が引き落とされ、給料を下ろそうと残高を見たら「386円」だったこともありました。靴下1足買うのにも事欠く状況なのに、彼は愛人宅から一向に帰ってきません。

生活費を稼ぐため保育園併設のゴルフ場で、1歳足らずの息子を連れてキャディの仕事をしていました。

けれど一向に状況は変わらず、離婚を決意したのは22歳のときです。浮気の証拠を突き付けて、これで別れてくださいと言っても、彼は「世間体が悪い」と離婚を受け入れてくれず、別れるまでそれからさらに1年近くかかりました。

私の時間を無駄にした元夫のことを「許せない」という気持ちをずっと握りしめ続

けていたのです。

そんな気持ちをようやく「手放そう」と思えたのは、離婚して7年くらい経った頃でした。師匠から、

「ヨギーなら、許せない人の名を岩に彫ってはいけない。砂に名を書くのは凡人である。水に名を書くのがヨギーである」

と言われてハッとしました。

それまでの私は、まさに彼の名前を岩にガンガン彫り込んでいたからです。

もしあなたに許せない人がいるのなら、水に名前を書いて、トイレに流す水のように、サーッとその名前が流れて消えていくのをイメージしてみてください。

きっと、握りしめてきた怒りを手放せ、心がすっきり軽くなるはずです。「許す」とは「ゆるむ」ということ。相手のためではなく、自分の心をゆるませるために手放しましょう。

執着を手放すコツがなんとなくつかめたでしょうか？

次のＣｈａｐｔｅｒ５では、これまで部分的にお話ししてきたＣＩＴＴＡ式メソッドを使った手帳術をまとめて紹介していきます。

Chapter 4

まとめ

★

人間関係の悩みは「思い込み」が原因であることがほとんど。

★

他人と比べて「自分は劣っている」と思うのは妄想。比べていいのは、実体のある過去の自分だけ。

★

「長女だからちゃんとしなくちゃ」「他のきょうだいより劣っている」という思い込みを手放すとラクになる。

★

「いい人」を卒業したいなら、「ダメです」「無理です」「帰ります」を言ってみる。

★

欲しくないものはもらわない「アパリグラハ（貪らないこと）」を守ると、人間関係のしがらみから自由になれる。

★

怒りを握りしめ続けることは、プラーナの無駄遣いである。

Chapter 5

時間に愛される手帳術「CITTA式メソッド」とは

心と時間を整えて、夢を叶える CITTA式メソッドの秘密

✦ 時間を本当に使いたいことのために使うには

ついに最後の章になりました。ここまでは、おもにヨガ哲学の考えを使いながら、「自分に自信がない」「他人の目が気になる」「執着や思い込みが手放せない」といった感情に引っ張られてブレやすい「心」に焦点を当ててお話ししてきました。

ワクワクリストに書き出したことをどんどん実現して「なりたい自分」になるためには、まずは心を整えて、それから時間を視覚化して整えていくことが必要です。

いくら時間があっても心が安定していなければ、時間を無駄に過ごしてしまいます。

逆に心が安定していれば、限られた時間でもやりたいことをやる気持ちを持ち続け

られるでしょう。

手帳にやりたいことを書き、振り返りつつ「本当にやりたい？」と自問自答しながら1日を過ごせば、必ず思う未来に向かっていくことができます。

こんなふうに、**ヨガ哲学×手帳を組み合わせ、やりたいことや夢の実現を後押しするのが「CITTA式メソッド」です。**まとめると、次の3テップになります。

STEP1 「ワクワクリスト」を書く
STEP2 「いつやるか」日付を決める
STEP3 「未来を予約し、心の声を聞く」手帳タイムをもつ

この章では、これまで断片的にお話ししてきたこのメソッドについて、具体的に一つひとつ紹介していきます。

✦ 1週間が見開き・24時間の手帳を用意する

CITTA式メソッドでは、手帳に予定や行動を細かく書き込んで、目に見えない時間を見える化してつかまえていきます。

それに適しているのが、24時間の時間軸で1週間が見開きになっているタイプの手帳です。24時間バーチカルの手帳は、「24時間×7日間すべてが自分でコントロールできる時間！」と実感できるのに加え、ついおろそかにしがちな睡眠時間も可視化できて強く意識できるようになるのもいいところです。

少しの時間、1週間見開きのウィークリーページを両手で開いて眺めてみてください。「1週間の時間を自分の手で握っている！」と思えたら最高です。

書き出して視覚化すれば現実のものになる

✦自分軸ですべて決めていい！ 理想の1週間を書き出すワーク

ただ、この3ステップにいきなり入って上手くいく人もいますが、それは少数派です。

ワクワクリストを書けたとしても、それを24時間のバーチカルに落とし込む際、迷いが生じてしまいます。

24時間の使い方、過ごし方は、すべてあなたが自由に決めていいのですが、「そうは言っても、仕事が何時に終わるかわからないし、急に飛び込んでくる予定もあるから」と感じてしまい、手が止まってしまうことがよくあります。

ここまで読み進めてくださったあなたはもう気づいていると思いますが、これは「他人軸」の考え方です。

どうかこれまでお話ししてきたことを思い出してください。仕事を終わらせる時間も、有休を取る日も、自分で決めていいのです。

「24時間、すべてを自分軸で自由に決めていい」という感覚を味わうためにも、まずは「理想の1週間を書き出すワーク」に挑戦してみることをおすすめします。

「どうせ書いても実現しないし」なんて思うかもしれませんが、絶対に書いて損はありません。

かつて私がダブルワークをしていた頃、理想の1週間を書き出したら、見事に夜のレッスンを一つも入れていなかった……という話をChapter1でお話ししました。「理想の1週間」を書き出したおかげで、「夜は息子のそばにいたい」という自分の本当の願いに気づくことができたのです。

「理想の1週間」は、まったく叶いそうにないことでも、無謀すぎることでも書いてしまっていいのです。

自分でも気づかなかった「自分は、こんなことを望んでいたんだ」という発見がきっとあるはずです。

【理想の1週間を書き出すワーク】

①時間もお金もたっぷりある。仕事も家庭もすべてが上手くいっているとしたら、理想の1週間はどんな感じになるか、妄想してみましょう。

②24時間バーチカルタイプのウィークリーページに、その妄想が叶った前提で書き込んでいきましょう。手帳の一番後ろのほうのウィークリーページは、手帳の切り替え時に新しい手帳とカブるので、使わない可能性が大。

このページを使って、無茶とか無理とかいう声は封印し、妄想の翼を存分にワクワクしながら羽ばたかせてみてください。

✦妄想が「理想の暮らし」を引き寄せる

理想の1週間のいいところは、自分の本当の願いに気づけるだけでなく、それが実現してしまう引き寄せ効果があることです。

私自身も、ヨガスタジオをオープンして息子のそばにいるという願いが叶いました。CITTA手帳ユーザーさんにも、こうした経験をされている方がたくさんいます。

たとえばユーザーさんの一人に、オトナの女性の自分開花をサポートする仕事をされている女性がいます。彼女が1年前の手帳を見返していたところ、「思いっきり理想の1週間」を妄想で書いたページがあったと言います。

当時は、新しい取り組みを始めたばかりで、仕事漬けの毎日。セッションの評判がよく、クライアントさんからの依頼がひっきりなしに舞い込み、絶えることがありません。お子さんとの時間も、自分の時間も、睡眠時間もすべて削っていました。そこで、妄想するのは自由とばかりに理想の1週間を書きなぐったそうです。

- 仕事は、週2日のみ稼働。
- 夜10時に寝る。
- ジム、ネイル、マッエクに行く。
- 週末は子どもと過ごす。

これを今の手帳と照らし合わせてみたら……、

・週に2日稼働。
・週に1日セミナーを開催。
・エステとジムに行った。
・子どもと海外旅行に行った。

ほとんど実現できていたのです。しかも、何を書いたか、まったく忘れていたにもかかわらず。

よく「引き寄せの法則」と言われますが、いったん書いて忘れてしまっても、潜在意識に書き込まれた願いには、無意識のうちにエネルギーが流れ込んでいます。

「どうせ叶わないのに……」と妄想する手間を惜しんでいては、引き寄せも起こりません。「こんなふうに過ごせたらラッキー♪」と楽しく妄想できる純粋な心の持ち主に、幸運の女神は微笑みます。

✦「無意識とOFF」の時間を視覚化する 現実の1週間の振り返りワーク

理想の1週間を妄想して、24時間をすべて自分でコントロールできる！　という感覚がつかめたでしょうか。

CITTA式メソッドに入る前に、もう一つだけトライしてほしいワークがあります。

先週1週間の行動を書き出して、現実に自分がどう時間を使っているかを視覚化して、目に見えない時間をつかまえるのです。**普段あなたが感じている「時間がない」という感覚にメスを入れ、隠れていた時間を引っ張り出しましょう。**

ここでチェックすべきは、次の2つです。

①無意識の時間

「時間がない」と言いながら、だらだらスマホを見たり、テレビをつけっぱなしにしていたりしていませんか？

こうした「無意識の時間」を視覚化できると、「使える時間は意外にある」ということに気づけます。

ちなみに、CITTA手帳ユーザーのみなさんに「テレビやインターネットに1週間、何時間ほど使っていますか？」とアンケートを取ったところ、1日あたりに換算すると平均1～3時間程度と答えた方が約55％とトップでした。

次いで1日平均10分～1時間が23％。中には1日平均5～8時間という方もいらっしゃいました。

もちろん、テレビやネットの時間が自分にとって欠かせない楽しみなら、問題ないと思います。

でも、**「こんなにテレビを見ていたんだ……もったいない！」と感じたら、時間の使い方を見直すチャンスです。**

テレビは1日2時間程度見ている方が多いのですが、1週間に換算すると計14時間、2週間で計28時間。「資格の勉強をしてスキルアップする時間がない」「友だちに会う時間がない」「本当はピアノを習いたい」と思っていたことが、じゅうぶんできる時間です。

この無意識の時間を、ただなんとなく浪費し続けるか、自分がワクワクできることに使っていくかで、あなたの未来は大きく変わります。

それに気づくと、やりたいことに集中していく時間を過ごすために、もっともっと時間を作れるようになっていきます。

②OFFタイム

もう一つが、仕事以外の「OFFタイム」。自分がOFFにどれくらい時間を割いているか視覚化してみましょう。

ONタイムである仕事の時間は把握していても、意外にOFFタイム、つまり「何時から何時までは自分のための時間」ということを把握している人は多くありません。

実はそれが、残業や無意識の時間が増えてしまう原因の一つでもあります。

趣味を楽しみ、家族、友人と過ごすOFFタイムは、私たちの心の栄養になる時間です。心も身体もリフレッシュできるのはもちろん、ワクワクする時間をもつことで脳が刺激され、クリエイティビティもアップします。
また、忙しいとき、煮詰まったときほど、無理にやることを詰め込まず、パッと1日休んだほうが生産性が上がり、サクサク仕事が進みます。

【現実の1週間の振り返りワーク】

①わかる範囲でかまわないので、手帳のウィークリーページに先週1週間、どう過ごしたかを書き出してみましょう。

・「ボーッとしている」「ダラダラしている」といった無意識に使っている時間（おもにネットやテレビの時間）はどれくらいあるか。
・何時に起きて、何時に出社したか。
・電車にはどれくらいの時間、乗っているか。
・何時に寝ているか。
・料理や洗濯、家事などにどれくらいの時間を使っているか。
・OFFタイムがどれくらいあるか。

②無意識の時間を書き出す際は、特にネットやテレビに費やしている無意識の時間や、「会社から家まで」「会社から営業先まで」といった移動の所要時間を把握することを意識しましょう。

移動時間など大して無駄がないように思えますが、きちんと計って把握していると、意外と使える時間です。一度全部細かく書き出してみてください。特に電車に乗っている時間、ついついスマホを触ってしまいませんか？　無意識にやってしまいがちですよね。これって何をするかを決めていないからなんです。スマホ依存になっている私たちは、なんにも予定がないとついスマホを見る習慣が身についています。

だらだらスマホを抑止したい人は、電車に乗っている30分、小1時間さえも手帳に書いて、そこで「読む本のタイトル」を書いておく、「聞きたい音声、見たいセミナー動画を見る」と予定しておくといいですよ。

私の場合は家を出る時間を手帳に書いておきます。そこからもう時間が発生しているので、移動時間も大事な予定とみなしましょう。

③先週やり残したことを振り返ってみることも、忘れずに行いましょう。実はこれ

がとても重要なこと。やろうと思っていたけれど、ついつい先送りしてしまったことがありますよね。美容院の予約、旅行の新幹線・飛行機・ホテルなどの予約、役所や銀行のちょっとした手続き……。

先延ばしをやめるためには、これらを必ず書き出して、次の週のウィークリーページに「何日の何時にやるか」を書き入れてしまいましょう。これでもう頭の中の「やらなきゃ案件」から解放されます。

STEP1「ワクワクリスト」を書く

✦ワクワクリストを書くための2つのポイント

ではいよいよ、メソッドの一つ目のステップ「ワクワクリスト」を書く、に入っていきましょう。Chapter1、2でも書き方について触れているので、参考にしてみてください。それらと多少重複しますが、ここではワクワクリストを書く3つのポイントを紹介します。

ワクワクリストには、「積ん読になっている本を読む」「引っ越しをする」「旅行する」「近くにできた新しいカフェに行く」など、思いついたことを端から書き出します。

自分が本当にやりたいことの再発見や、どんなことで幸せを感じられるのか、自分を知る手がかりにしていきましょう。**大きなワクワクを叶える人は、小さなワクワクを叶えている人です。**手帳を開くたびにワクワクする。毎日ちょっと楽しくなる。そんなワクワクを手帳に落とし込んでいければ、「絶対、無理だろうな〜」と思っていた転職や海外旅行もするりと叶い、やりたいことができるようになっていきます。

①断定形で書く

ワクワクリストは、「結婚できますように」より、「12月に結婚する」と断定する形で書くことで言葉のパワーがアップし、そこに向かってエネルギーが動き出します。他にも「引っ越ししたい」よりも「引っ越しする」、「スペインに旅行したいな」ではなく「スペインに旅行する」がいいですね。

大切なのは断定形で「今、この瞬間」にフォーカスする言葉です。

ヨガ哲学では、過去に引きずられることなく、未来を妄想して不安になることなく、「今、この瞬間」の願望やイメージが強いほど、未来に向かって行動が変わり、よりよい未来を作っていけると考えます。この願いが叶ったら、こんなにワクワクする、こんなにハッピー、と叶った様子を強くイメージしながら、断定形で書く。それが、行動を変え、未来を変えていくコツです。

②優先順位をつける

小さなことはすぐ実践できると思いますが、「結婚する」「月100万円稼ぐ」「留学する」といった大きな目標がいくつもあると、どれから手をつけていいかわからなくなってしまうかもしれません。

そんなときは、**やりたいという「想いの強さ」で優先順位をつけ、ベスト10を選び出していきましょう。**

「できそうかどうか」で考えるのはNG。お金も時間も才能もすべてもっていて、やろうと思えばなんでもできる。その状態で、「これは本当にやりたい。ワクワクする！」と思ったものから順位づけしていくのが正解です。

想いの強さを測るには、「なぜ？」「なんのために？」と自問自答して、目的意識を明確にしてみてください。「どうして結婚したいの？」「なんとなく……」という意識では、本気度が高いとは言えません。

STEP2 「いつやるか」日付を決める

✦ TODOリストではないので、必ずやる必要はナシ

書き出したワクワクリストの項目の横に、「いつやるか」を書き入れましょう。「行きたいな」「やりたいな」と思うだけでは、忙しさに紛れて忘れてしまい、後回しにしてしまうことになりかねないからです。

ただ、すべての項目に日付を書き入れる必要はありません。今思いついたワクワクでも、日付はあとから入れてもOK。実際にやるのは来月でもいいし、もう少し先でもかまいません。

ただ必ず、毎週の手帳タイムのときにそのワクワクリストの見直しをかけましょう。そのときに再度、日付けを入れてみようと毎回試みてください。

「この日に、ずーっと欲しいと思っていた服を買いに行けるんだ！」「クローゼットに放り込んでいたコートをやっとクリーニングに出せてうれしいな〜」「ピアノを弾くのが好きだったけど、ずっと弾いてなかった。久しぶりに弾けるのが楽しみ」と、気軽に、自由に、楽しみながら日付を書き込んでください。

小さなワクワクなら、叶ったときの気持ちをイメージすると、行動に結びつきやすくなります。

海外旅行など、先の予定もわからない状態だと、なかなか日付を決めづらいワクワクほど、思い切って先に日付を決めてしまいましょう。マンスリーに数日赤マーカーで線を引いてみてください。「旅行」と書きながら「そんなの無理無理！」と思っていても、不思議なことにちゃんと潜在意識に残るんです。

日付を決めて手帳に書いておくと、「じゃあ、△日までに情報収集して、○日までにチケットを予約しよう」と思考が実現に向けて動き出していきます。

STEP3 「未来を予約し、心の声を聞く」手帳タイムをもつ

週1回・2時間を死守！ 自分とミーティングする手帳タイム

手帳タイムとは、週1回・2時間ほど、手帳を書く時間をあらかじめもつことです。手帳タイムの目的は、未来を予約し、心の声を聞くこと。

普通、手帳は「予定が入ったら書く」「すき間時間に書く」という人が大半かと思いますが、CITTA式では「予定は入る前に書く」のです。

「予定が決まってないのに書けるわけがない」と思うかもしれませんが、決まった予定を書き込むだけでは、「他人軸」の人生からなかなか抜け出せません。

自分軸の人生を生きたい、今の自分を変えたいと思うなら、「予定は入る前に書い

て未来を予約するもの」と、今までの思考と180度切り替えましょう。

もちろん、その時点で動かせない予定が決まっていれば、書き込んでOK。でも、基本的には理想の1週間を書き出したときのように、24時間×7日間の中にワクワクリストを落とし込みながら、自分軸で自由にデザインしていきましょう。

「この映画に行こう」「自分へのご褒美においしいチョコレートを買いに行きたいな」と思っているだけだと、忙しい毎日の中ではなかなか実現できません。手帳タイムは、楽しいことを妄想して書くだけでなく、それを実際の予定の中に落とし込み、未来を予約していく時間なのです。

この忙しいのに毎週2時間も手帳のために空けるなんて無理……と思う人もいるかもしれません。

でも、この「**強制的に2時間、自分を日常から隔離する**」という時間がないと、心の声は日常の雑事にかき消されて、聞こえなくなってしまいます。私がオーストラリアで手帳の落丁の再印刷やスタジオのクローズを決断できたのも、日常から離れて「本当はどうしたいのか、何がしたいのか」と自分に問えたからです。

私が大好きな本に『ずっとやりたかったことを、やりなさい。』（サンマーク出版）があります。

この本では、**週に1回・2時間ほどの時間のかたまりで「自分の中の小さなアーティストとデートする」ことを強く推奨しています。**自分の中に変化が引き起こされ、「できっこない」とあきらめていた画家や作家、俳優などになる夢を叶えた人たちが紹介されています。

「自分の中の小さなアーティストとデートする」というのは、自分の内部に必ずいる創造的なアーティストの声を聞くことです。人は本来みなクリエイティブなはずなのに、大人になるにつれ自分の中のアーティストとは会話しなくなります。だからこそ、定期的にまとまった時間をとって、小さなアーティストの声をじっくりと、しっかり聞いてあげる必要があるのです。

実はCITTA手帳のユーザーさんは、「自分の中の小さなアーティストとデート」

した結果、ピアノや絵画、イラストなどのアートに目覚めたという方がとても多いのです。

あなたも、ぜひ「自分の中の小さなアーティスト」とデートをしてみてください。

自分の大好きな人とデートをするのに「15分で帰るから！」なんて言いますか？　言わないですよね。ぜひ、自分とのデートをゆっくり楽しんで、なりたい自分になれる未来を予約していきましょう。

✦ 手帳タイム、7つのポイント

①消えない油性ペンを使う

未来を先取り予約していくと、たとえば「映画の予定だったけど、急に残業を頼まれてしまった……」という事態も起こります。

でも、このとき消えるペンやシャープペンシル、修正テープを使えるとなると、「自分との約束を守る」のが難しくなってしまいます。「残業入っちゃったから、予定を書き直せばいいよね」では、結局変わることができません。

手帳に書く時点で「絶対にやる！」という強い意志が必要です。だから消えない油性ペンで書くことが重要なのです。

相手の都合で予定がキャンセルになったときは、修正テープなどは使わず、上から大きく×を書いて、新たな予定を書き込みましょう。流れた予定も目で確認できるようにしておけば、リスケもしやすくなります。

②手帳のウィークリーページに、2週間分の未来を予約する

自分軸を大切にしながら来週・再来週と2週間分の予定を書き入れ、目に見えない時間を視覚化し、意識しやすくします。予定を先取り予約していくのです。

2週間分書くと、1週間の予定に対して二度、手帳タイムで考えることができます。

だから、一度目は「絵を描きたいけど、何を描きたいかはっきりしないから、まだ手帳には落とし込めない」と再来週だけにぼんやりとしかイメージできていなかったことが、翌週には「あの公園で見た花をデッサンしてみよう」と具体的になって、先週やり残したワクワクを今週に引き継ぎ、手帳に落とし込んでいくことができるようになります。

「クリーニング、3カ月くらい放置してるけど、いつやる？」「あの本、いつ買いに行く？　いつも読む時間がないから、ついでに読む時間も決めて手帳に書いてしまおう」などと自分に問いかけながら、小さいワクワクや先延ばしにしていることを実際の予定に組み込んでいきましょう。

③起床時間を決め、自分だけのご褒美タイムを作る

Chapter2でもお話ししたように、自分で決めた時間に起きることは、自己肯定感を高め、自分を愛することにつながります。起きられたら、30分間ゆっくりコーヒーを飲むなど、自分だけの時間を楽しみましょう。「起きられたら、こんなうれしいことが待っている！」と早起きが楽しくなっていきます。

④就寝時間を決める

就寝時間をはっきり決めて、夜、スマホやテレビを見ながらだらだらしてしまわないようにします。たっぷり睡眠を確保することは、自分を愛する基本です。

⑤予約を入れる、チケットを取る

ワクワクリストに書いた観劇や映画、旅行などは、その場ですぐ予約が取れるものだったら、予約してしまいましょう。

これで「あの映画行きたかったけど、気づいたら終わってた」「ハワイに行きたいってもう5年くらい言ってる……」なんてことがなくなります。

⑥次回の手帳タイムを先取り予約する

次回の手帳タイムを先取り予約します。**手帳タイムは毎週同じ曜日・時間・場所で書くと決めておく**と、「よし、書くぞ！」とスイッチが入ります。

家だとだらだらしてしまうので、カフェやホテルのラウンジなどお気に入りの場所を見つけましょう。

小さなお子さんがいる場合は、もちろん家でもかまいません。家族が寝静まった時間や早朝など、落ち着いて一人で自分と向き合える時間帯を選ぶといいですね。

あらかじめ決めていた手帳タイムに、急な残業を頼まれたらどうすればいいでしょうか。

手帳を書くという自分の用事で、残業を断るなんて……と抵抗を感じる人も多いと思います。

でも、手帳タイムも自分との大切な約束です。これまでの自分を変えたいのなら、手帳タイムを死守することが欠かせません。

勇気を出して「今日は帰ります」のひと言を口にしましょう。

あらかじめ手帳に書いておくと、手帳があなたの背中を押してくれますよ。

⑦マンスリーページにはイレギュラーなイベントの予定だけを書く

CITTA式メソッドでは、時間をコントロールする意識をもつためにも、目で時間をとらえられるウィークリーページをメインで使います。

マンスリーページに書くのは、イレギュラーなイベントの予定のみ。○月○日の枠の中には「映画」などと予定だけ書いて、誰と・どこで・何時から何をするかはウィークリーページに書き込みましょう。

✦先週のワクワクの棚卸しで自分の本当の願いが見えてくる

手帳タイムでは、ぜひ先週の手帳を振り返る時間を設けてください。

ワクワクリストにリストアップして、手帳に書き込んだけれど、取りこぼしてしまったものについて、「どうする？」「本当にやりたい？」「今度いつやる？」と自問自答して、やると決めたらもう一度予定を書き入れます。

ただしリスケは3回まで。それ以上は賞味期限切れなので消去します。

なりたい自分になるためには、実はこの振り返りがとても大事です。

自問自答を重ねて「今の自分が何にワクワクするか」を常にアップデートしていくと、「書いてはみたけれど、他人の目を意識したダミーの願いだった」「本当にやりたいことはこっちだった」と、自分の本当の願いが見えてくることが多いからです。

✦予定は6割できればよしとする

未来の予約は妄想なので、気楽に「できなくても幸せ、できても幸せ」と考えましょう。TODOリストと違って、やるかやらないかを決めるのはあなた自身です。やるのが義務ではないので、「できなかった自分はダメだ」「理想通りの時間の使い方ができてない」と自分を責めたり落ち込んだりするのはやめましょう。

振り返るときは、仕事でも遊びでも「読書の時間がとれた！」「1週間のうち3日早起きできた」と自分ができたことにフォーカスしましょう。やりたいことができた自分に自信がもてるようになり、願いを叶える速度が加速していきます。

矛盾するようですが、自分との約束は何にも増して最優先すべきことですが、一方で約束を守れなかったときは、感情と会話していつまでもクヨクヨすることなく、パッと手放すというのがヨガの教えです。過去を変えることはできないのに、過去にとらわれたままでいるのは、プラーナの無駄遣いです。

できなかったことは、「今週は忙しかったんだな」「気力が湧かなかった」と、ジャッジすることなく事実をありのままに見つめるだけでOKです。

✦ 大きなワクワクはどう叶えるか

小さいワクワクは叶えやすい一方で、「結婚したい」「月収100万円」「留学したい」など大きなワクワクはどうしたらいいかという質問をよく受けます。

まずは、なんでもいいので「今すぐできる小さなことを一つだけ」やってみましょう。

「結婚したい」だったら、最近結婚した子に「どんなふうに行動したの？」と聞いてみるとか、「月収100万円」だったら、どんな職業やキャリアの人がそれを叶えているのか調べてみるとか。「留学したい」と言いながら、いくらかかるかわかっていないという人は案外多いもの。留学に必要な費用を調べるなど、とりあえず行動してみると、「思っていたのと違った。このワクワクは本当の願いじゃなかった」なんてこともあれば、調べてわかったことから新しい扉が開いていくこともあります。

まずは動いてみることから、すべては始まります。

Chapter

5

まとめ

★ CITTA式メソッドは、次の3ステップ。STEP1「ワクワクリスト」を書く→STEP2「いつやるか」日付を決める→STEP3「未来を予約し、心の声を聞く」手帳タイムをもつ。

★ 日常の中では「自分が本当は何がしたいのか」という心の声を聞くことはできない。

★ 週1回・2時間の手帳タイムで、日常から自分を隔離して心の声を聞く時間をもつことで、なりたい自分になれる。

★

手帳タイムで最も大切なのは「先週の振り返り」をすること。やらなかったワクワクリストを「本当にやりたい？」と自問自答していくことで、自分の願いが本物なのか、他人の目を意識したダミーの願いなのかを見きわめられる。

★

未来を予約しているのだから、実行できない予定があるのは当たり前。できなくても自分を責めず、6割できればOK！　少しでもできたら自分を褒めること。

おわりに

ヨガ哲学が教えてくれたこと

この本は、私が人生で体感したヨガ哲学をみなさんが知ってくださるきっかけになればと思い、書かせていただきました。

ヨガに出会わなければ、私は自分の人生に悲観し、世の中のすべてを他人のせいにして生き続けていたと思います。自分の人生を変えてくれたヨガの教えにとても感謝しています。でも多くの方が、ヨガに哲学があることを知りません。

はじめてCITTA手帳を世に出したとき、こう思ったのです。

「ヨガスタジオに行くのはハードルが高くても、手帳ならみんながもてる」

「手帳の使い方をヨガにすれば人生が変わる」

当時、私だけが考えていた持論でしたが、一人でも多くの人に伝わったらいいなと思い、活動を続けてきました。

自分らしく生きられない、自分の人生を生きていない気がするのは、自分の心の声を押さえつけているから。他人の価値観に合わせ、自分のやりたいこととは違うのに、必死にその世界で生きてしまっているからです。

忙しい毎日だからこそ、タスクに追われる自分だからこそ、一度立ち止まる勇気が必要です。

「本当にやりたいことは何か」

自問自答してみてください。自分の生活を見直し、自分の時間の使い方を考えてみてほしいのです。あなたの時間の使い方は命の使い方なのですから。自分の人生のハンドルを他人に握らせてはいけません。

自分の人生を愛してあげられるのは自分だけです。

いつからだって遅くはないです。死ぬ間際に「いい人生だった」と言えるくらい生ききるために、今の行動を変えていきましょう。

朝起きる時間を変える、身の回りを整える、ずっと欲しかったバッグを買ってみる、思いついたらやってみる——今日からできることはたくさんあります。

あなたが毎日をワクワクで満たして、笑顔で過ごすようになれるきっかけになれたら、本当にこんなにうれしいことはありません。

最後に、ヨガ哲学という少しとっつきにくいテーマで本を書くことを快く許可してくださった株式会社ＫＡＤＯＫＡＷＡの尾小山友香編集長、執筆のサポートをしてくださったライターの伊藤彩子さんに深く感謝申し上げます。

あなたの毎日が幸せでありますように。あなたが自分の人生を生きられますように。心から願っています。

青木千草

【参考文献】

『インテグラル・ヨーガ　パタンジャリのヨーガ・スートラ』めるくまーる／スワミ・サッチダーナンダ（著）、伊藤久子（訳）

『バガヴァッド・ギーター』岩波文庫／上村勝彦（訳）

『自動的に夢がかなっていくブレイン・プログラミング』サンマーク出版／アラン・ピーズ&バーバラ・ピーズ（著）、市中芳江（訳）

『完訳　7つの習慣』キングベアー出版／スティーブン・R・コヴィー（著）、フランクリン・コヴィー・ジャパン（訳）

『朝時間が自分に革命をおこす　人生を変えるモーニングメソッド』大和書房／ハル・エルロッド（著）、鹿田昌美（訳）

『うまくいっている人は朝食前にいったい何をしているのか』SBクリエイティブ／ローラ・ヴァンダーカム（著）、桜田直美（訳）

『ずっとやりたかったことを、やりなさい。』サンマーク出版／ジュリア・キャメロン（著）、菅靖彦（訳）

編集協力／伊藤彩子

ブックデザイン／岩永香穂（MOAI）

装画／門川洋子

DTP／思机舎

編集／尾小山友香

【著者略歴】
青木千草（Chigusa Aoki）
株式会社CITTA代表取締役、ヨガスタジオCITTA代表。累計33万部発行の人気手帳、未来を予約するCITTA手帳の考案者。お金なし時間なし才能なしのシングルマザーから起業し、年商2億円の実業家に。ヨガ歴19年。現役のヨガ講師。古典ヨガを学び、ヨガ哲学を実生活で実践するために手帳を活用し始める。すると手帳に書いたやりたいことが急スピードで次々と叶うように。自らの体験を元にした未来を予約する手帳術を考案しオリジナルの手帳を出版する。発売当初から話題になり毎年完売手帳に。朝から心と体を整えることをテーマにしたCITTA主催のCITTA朝活オンラインサロンは累計1300名を超えるメンバーが参加。CITTA手帳を通してヨガ哲学にある自分を愛することを伝えるためセミナー講師、講演家として活動中。著書に、『CITTA式未来を予約する手帳術』（かんき出版）、『CITTA式人生が輝く手帳タイム』（KADOKAWA）等がある。

大丈夫《だいじょうぶ》、死《し》なないから。
時間《じかん》に愛《あい》され、自分《じぶん》の人生《じんせい》を愛《あい》する生《い》き方《かた》

2023年6月21日　初版発行

著者／青木《あおき》 千草《ちぐさ》

発行者／山下 直久

発行／株式会社KADOKAWA
〒102-8177　東京都千代田区富士見2-13-3
電話 0570-002-301（ナビダイヤル）

印刷所／大日本印刷株式会社
製本所／大日本印刷株式会社

●お問い合わせ
https://www.kadokawa.co.jp/（「お問い合わせ」へお進みください）
※内容によっては、お答えできない場合があります。
※サポートは日本国内のみとさせていただきます。
※Japanese text only

定価はカバーに表示してあります。

ISBN 978-4-04-606199-7　C0030